hänssler

Heiko Krimmer

Galaterbrief

hänssler
Neuhausen – Stuttgart

Die Reihe des EDITION C-Bibel-Kommentars zum Neuen Testament wird von Dr. Gerhard Maier herausgegeben.

CIP-Titelaufnahme der Deutschen Bibliothek

Krimmer, Heiko:
Galaterbrief / von Heiko Krimmer. – 3. Aufl. –
Neuhausen - Stuttgart: Hänssler, 1988
(EDITION C : B, Bibelkommentare ; Bd. 13)
ISBN 3-7751-0578-6

NE: EDITION C / B

3. Auflage 1988
EDITION C-Bibel-Kommentare, B 13
Bestell-Nr. 55.913

Umschlaggestaltung: Daniel Dolmetsch
Die Bibelzitate sind der Lutherbibel mit dem revidierten Text von 1956/64 entnommen.

Satz: Bauer & Bökeler Filmsatz GmbH, Denkendorf
Druck: Salzer - Ueberreuter, Wien

INHALTSVERZEICHNIS

KURZE EINLEITUNG

1. Wer der Verfasser des Galaterbriefes ist, ist unumstritten: Paulus schrieb diesen Brief, höchstwahrscheinlich eigenhändig (vgl. zu 6, 11). Andere Briefe hat er diktiert und dann unterschrieben. Die Gestalt des Apostel Paulus steht uns aus den Berichten der Apostelgeschichte und aus seinen anderen Briefen einigermaßen deutlich vor Augen. Hier im Galaterbrief entfaltet Paulus in klaren Strichen sein apostolisches Selbstverständnis (1, 11–2, 21). Außerdem blicken wir hinein in das »Mitleiden« des Apostels mit seinen »Kindern im Glauben«. Obwohl der Galaterbrief oft als »Kampfbrief« bezeichnet wird, ist er ein zutiefst seelsorgerliches Zeugnis. In offener Härte und werbender Liebe ringt der Apostel um die Gemeinde. Gerade als seelsorgerliches Schreiben gelesen, vermag uns dieser Brief bis heute wichtige Grundlinien christlicher Seelsorge zu erschließen (vgl. Bibelarbeit zu Gal 2, 11–21).

2. Umstritten ist die Frage der Empfänger dieses Briefes. Meint Galatien die römische Provinz, die außer der eigentlichen »Landschaft Galatien« noch Lykaonien, Pisidien und den Osten Phrygiens umfaßte (südgalatische Hypothese)? Oder meint Galatien die »Landschaft Galatien«, eine Hochebene in Kleinasien zu beiden Seiten des Halys-Flusses mit Akyra, dem heutigen türkischen Ankara, als Mittelpunkt (nordgalatische Hypothese)?

   Wir entscheiden uns für die südgalatische Hypothese, obwohl, wie Apg 16, 6 und 18, 23 zeigen, Paulus auf seiner zweiten Missionsreise auch durch das »galatische Land« im engeren Sinn reiste. Wahrscheinlich sind die galatischen Gemeinden die von Apostelgeschichte 13 und 14 her bekannten Gemeinden. Dort gab es auch eine starke jüdische Minderheit, und solche jüdischen bzw. judenchristlichen Irrlehrer treten uns ja im Brief selbst entgegen.

Doch können wir diese historische Frage getrost ein Stück weit offen lassen, denn die Gemeinden werden uns aus dem Brief selbst hinreichend deutlich. Für die Grundauseinandersetzung des Briefes, »Gesetz oder Gnade« als Heilsweg, spielt die Ortsangabe der Empfänger eine untergeordnete Rolle. Das südgalatische Gebiet, also die Provinz Galatien, hat Paulus schon auf der 1. Missionsreise bereist und dort Gemeinden gegründet. Dann könnte der Galaterbrief schon ziemlich früh geschrieben sein, etwa um das Jahr 48 n. Chr., von Korinth aus.

3. Klar ist dagegen wieder der Anlaß zu diesem Brief des Apostels. Die galatischen Gemeinden sind durch die Verkündigung des Paulus entstanden (1, 6–11; 4, 11. 19). Doch dann kamen nach seiner Abreise andere »Lehrer«. Anlaß des Briefes ist also die alarmierende Nachricht von den Umtrieben dieser Irrlehrer in den Gemeinden. Sie sind im Umkreis gesetzestreuer Judenchristen zu suchen, die einen Ausgleich zwischen dem Evangelium und dem jüdischen Gesetz anstreben. Sie wollen den Galatern die Beschneidung als heilsnotwendig aufnötigen und sie auf die jüdischen Speisegebote und heiligen Festzeiten verpflichten. Paulus entlarvt ihre Beweggründe als fleischlich (vgl. besonders zu 6, 12 + 13) und setzt das schroffe Gegeneinander von Evangelium *oder* Gesetz. Hier kann es keinen Kompromiß geben. Jeder der sagt: »Jesus Christus und ...«, verrät das Evangelium.

Doch beachten wir: Es geht im Galaterbrief nicht um eine grundsätzliche Ablehnung des Gesetzes, sondern um die eindeutige Aussage: »Das Gesetz als Heilsweg anzusehen, ist eine Irrlehre.« Der Galaterbrief begründet keinen schrankenlosen Libertinismus, keine falsche Freiheit ohne alles Gesetz. Aber er verwirft in aller Härte den Versuch, das Gesetz neben dem Evangelium als heilschaffend aufzurichten. Es geht dem Apostel um die Alleingültigkeit der Rechtfertigung, um das »allein« des

Glaubens. Doch wo der Geist Gottes herrscht, da wird auch das Gesetz erfüllt. Nun als »Gesetz Christi« (5, 2), als Entfaltung des Heiligen Geistes und seiner Grundäußerung in der »Liebe« (vgl. zu 5, 22).

4. Gegliedert ist der Brief in drei Hauptteile; neben einer kurzen Einleitung (1, 1–10) und einem ebenso kurzen Schluß (6, 11–18). Im ersten Teil (1, 11–2, 21) verteidigt Paulus sein Amt und seine Autorität als Apostel Jesu Christi gegen verleumderische und herabsetzende Angriffe der Irrlehrer. Der zweite Teil (3, 1–12) entfaltet das schroffe Entweder – Oder von Gesetz und Evangelium in oftmaligem Rückbezug auf das Alte Testament. Dabei verfolgen wir mit großem Interesse die »Methode« der Schriftauslegung, die der Apostel hat. Der dritte Teil (5, 13–6, 10) hat unter besonderer Betonung des rechten Gebrauches der in Christus geschenkten Freiheit die »neue Existenz« des Jüngers im Blick.

Damit ist der Galaterbrief auch ein wichtiges Dokument über den Weg des Evangeliums hinein in alle Welt, der durch die Schranken des jüdischen, auch judenchristlichen Selbstverständnisses nicht gehemmt werden konnte.

DER BRIEF DES APOSTELS PAULUS AN DIE GALATER

A. EINLEITUNG DES BRIEFES 1, 1–10

1. DIE VORSTELLUNG DES PAULUS UND ADRESSE DES BRIEFES, 1, 1–2

1, 1+2: »Paulus, ein Apostel nicht von Menschen, auch nicht durch einen Menschen, sondern durch Jesus Christus und Gott, den Vater, der ihn auferweckt hat von den Toten, und alle Brüder, die bei mir sind, den Gemeinden in Galatien:«

Wie bei antiken Briefen gewohnt, stellt sich Paulus am Anfang als Absender vor. In allen seinen Briefen nennt er sich »Paulus«, obwohl er ursprünglich »Saulus« hieß. Wahrscheinlich aber hatte er als Jude aus der Diaspora – sein Geburtsort war Tarsus in Cilicien (Apg 21, 39) – einen Doppelnamen: Aus der jüdischen Tradition »Saul« bzw. »Saulus« und als römischer Bürger (Apg 23, 27) »Paulus«. Doch steht hinter diesem Namensgebrauch vermutlich mehr. Lukas nennt den Apostel bis Apg 13, 7 »Saulus«, dann aber nur noch »Paulus«. Dort aber wird die erste Bekehrung eines Heiden, des Landvogtes Sergius Paulus berichtet: Im Dienste seines Herrn ist der Name für den Apostel ein Programm: »Paulus«, der »Kleine«, der »Geringe« – so sah er sich selbst. »Saulus« als sein jüdischer Name, stellt ihn in eine fromme Tradition. Er stammte aus dem Stamme Benjamin (Röm 11, 1) und trug mit Stolz den Namen des königlichen Benjaminiten »Saul«, des ersten Königs Israels. »Saul« heißt der Erbetene. Die Eltern des Paulus hatten ihm diesen Dankesnamen wohl nicht ohne den Wunsch gegeben, daß er solch ein Mann, wie der erste Saul, werden sollte. Doch Gott brach den Stolz und den Eifer des Saulus und machte ihn zu seinem demütigen Diener. Sein Name ist Programm. Seine Vergangenheit als Pharisäer *»achtet er nun für Kot«* (Phil 3, 8) und lebt und dient im dankbaren Bekenntnis: *»Aus Gnade bin ich, was ich bin«* (1.Kor 15, 10).

Er ist ein »Apostel«. Damit ist ein einmaliges, unwiederholbares Amt bezeichnet, das er zusammen mit den anderen Aposteln hat. Sie sind die »Säulen« der jungen Gemeinde und verkündigen als Augen- und Ohrenzeugen des irdischen Jesus das Evangelium. Sie sind vom Christus selbst in dieses Amt eingesetzt worden. Paulus nennt sich den *»geringsten unter den Aposteln«* (1.Kor 15, 9). Er ist nicht Jünger des Herrn gewesen, aber auch er ist in einer persönlichen, leibhaften Begegnung mit dem Auferstandenen berufen worden. Die Kirche beruft sich mit Recht auf die Autorität der Apostel, denn durch sie hat der Herr sein Wort vermittelt: Die neutestamentlichen Schriften sind gerade nach diesem Maßstab apostolischer Autorität in den Kanon genommen worden. »Apostel« sind Gesandte Jesu Christi, die nicht aus eigener Vollmacht reden und handeln, sondern in Jesu Macht und Beauftragung. Paulus nennt zur Kennzeichnung seiner Person keinerlei eigene Qualität. Er ist Gesandter und Bote Jesu Christi, das ist seine Qualität und seine Autorität.

Das ist ihm aber auch entscheidend, darum betont er: *»Ein Apostel nicht von Menschen«.* – Er wehrt sich damit wohl gegen Angriffe der Irrlehrer, die in den Gemeinden in Galatien Eingang suchen und die apostolische Autorität des Paulus in Zweifel ziehen. Ist er nicht nur ein Gemeindebote, von der Gemeinde in Antiochien beauftragt (vgl. Apg 13, 1–2), also gar kein richtiger Apostel? *»Nicht von Menschen, auch nicht durch einen Menschen«* zum Boten gemacht, antwortet Paulus. Ananias tat ihm seelsorgerliche Dienste (vgl. Apg 9, 1–18) und Barnabas führte ihn in die Gemeinde in Jerusalem und bei den anderen Aposteln ein (vgl. Apg 9, 26–28); aber berufen wurde er *»durch Jesus Christus und Gott, den Vater, der ihn auferweckt hat von den Toten«.* Das ist seine Würde und Vollmacht. Wer die Berufung des Paulus anzweifelt, der tastet seine Grundlage an, nämlich die Wirklichkeit des auferweckten Christus. Ja noch mehr: Gottes Handeln selbst, der seinen Christus in der Auferstehung mit aller Macht ausgestattet hat, wird dadurch in Zweifel gezogen. Paulus antwortet seinen Kritikern mit dem Verweis auf die Autorität Gottes. Er muß sich als Apostel, als Gesandter Gottes letztlich nicht selbst verteidigen oder ausweisen. Das hat Gott in seinem Sohn selbst getan, als er ihn berief. Gott tut es weiterhin durch die Frucht aus seiner Verkündigung. Das ist das Selbstbewußtsein des Zeugen: Die Berufung auf die Macht Gottes (vgl. Röm 1, 1; 15, 16–19; 1.Kor 4, 1–4; 2.Kor 11).

Paulus steht zwar in einem einzigartigen Amt, aber er ist eingebunden in die Gemeinschaft der Brüder. Deshalb sagt er: *». . . und alle Brüder, die bei mir sind«*. Damit wird seine Vollmacht als Apostel nicht geschmälert, sondern vertieft. Er ist kein Einzelgänger und kein Vertreter einer bestimmten Theologie. Die Bezeichnung »paulinische Theologie« ist allzuoft ein durchsichtiger Versuch, Paulus von den anderen Boten des Evangeliums abzusetzen und entweder ihn oder die anderen dadurch in Frage zu stellen. Er hat keine paulinische Sondermeinung, sondern er weiß sich hineingenommen in den Chor der Zeugen. Die Vollmacht des Zeugen Jesu Christi ruht auf drei Pfeilern: Auf der Bevollmächtigung durch Jesus Christus selbst; auf der Einordnung in die Gemeinde; und auf der persönlichen Lebensführung. Dabei ist diese Reihenfolge auch eine Rangfolge. *»Die Brüder, die bei mir sind«*, das sind, wenn der Brief in Korinth geschrieben ist (vgl. Einleitung), Aquila und seine Frau, wohl auch Silas und Timotheus und alle Christen in dieser Stadt, in der Paulus eineinhalb Jahre auf der zweiten Missionsreise wirkte (vgl. Apg 18, 1–18).

»Den Gemeinden in Galatien« (vgl. Einleitung), diese Empfängerangabe kennzeichnet den Brief als Gemeindebrief. Eigentlich ist es erstaunlich, daß Paulus keinen Mahnbrief an die Irrlehrer sandte. Er setzt sich mit ihnen gar nicht lange auseinander. Er wendet sich geradewegs an die Gemeinden selber. Sein Brief ist kein Privatbrief, sondern ein zur öffentlichen Verlesung in den Gemeindeversammlun-

gen bestimmter apostolischer Lehrbrief. Die Autorität seines apostolischen Amtes und die der Gemeinde in Korinth steht hinter diesem Schreiben. Über rechte und falsche Lehre kann nicht im privaten Streitgespräch entschieden werden. Das ist Sache der ganzen – Ort und Zeit übergreifenden – Gemeinde Jesu Christi, in aller Öffentlichkeit.

2. DER EINGANGSGRUSS ALS LOB GOTTES, 1, 3–5

1, 3: »Gnade sei mit euch und Friede von Gott, unserem Vater, und dem Herrn Jesus Christus.«

In der Gemeinde Jesu Christi steht als erstes die *»Gnade«*. Dabei ist »Gnade« kein allgemeiner Begriff, sondern näher bestimmt als *»Gnade von Gott, unserem Vater, und dem Herrn Jesus Christus«*. Im Griechischen ist »Gnade« verwandt mit dem Wort für Freude. Sie meint dann das Erfreuende. Tiefer erfassen wir die Bedeutung vom Hebräischen her: »Gnade« bezeichnet dort die erbarmende Hinwendung Gottes zum Menschen als ein Tun Gottes. *»Gnade«*, damit bezeichnet Paulus das ganze Evangelium, das Heilsgeschehen in Jesu Leiden, Sterben und Auferstehen (vgl. Apg 15, 11; Röm 3, 23ff.; 5, 10; auch Gal 2, 17–21). Gottes Tat als »des Vaters« ist eben dieses Erbarmen, das er uns in Jesus Christus und seiner Rettertat am Kreuz angeboten hat. Erst wer diese *»Gnade«* erfahren hat, wer mit Jesus Christus lebt, der wird auch den *»Frieden«* haben. Wo Jesus Christus *»Herr«* ist, wo *»Gnade«* regiert, da kann auch *»Friede«* werden. »Friede« als Versöhnung mit Gott durch die Gnade Jesu Christi. Das ist kein gedankenloser, flüchtiger Höflichkeitsgruß, sondern der Zuspruch der vollen Liebe Gottes, wie er in Jesus Christus Wirklichkeit geworden ist.

1, 4: »Der sich selbst für unsere Sünden gegeben hat, daß er uns errette von dieser gegenwärtigen, argen Welt nach dem Willen Gottes und unseres Vaters.«

Nun werden die Begriffe gefüllt. Das ist die Gnade, daß er *»sich selbst für unsere Sünden gegeben hat«*. Damit ist schon die endgültige Abweisung aller anderen Wege zur Beseitigung der Sünde ausgesprochen. *»Für uns«*, das ist das Herzstück des Evangeliums. Der Tod Jesu am Kreuz ist das Ende aller anderen Wege zum Heil, auch und gerade *des* Weges, durch das Halten des Gesetzes zur Gerechtigkeit zu kommen. Christus hat sich für unsere Sünden gegeben. Er ist das Opfer geworden, das Gott annimmt. So und nur so geschieht Rettung. *»Daß er uns errette«*, denn vorher waren wir alle verloren. Am Kreuz Jesu Christi geschieht Rettung. Es ist ein dramatisches Wort, dieses »retten«, denn es führt uns schonungslos unsere Lage vor Augen. Christus überhöht nicht unsere eigenen Anstrengungen. Er will auch nicht nur anleiten, uns Hilfe zur Selbsthilfe geben; er »reißt uns für sich heraus«, ja er »raubt uns für sich heraus« – so wörtlich – aus *»dieser gegenwärtigen, argen Welt«*. Er entreißt uns und raubt uns dem Bösen, dem Satan, der der Herr der gegenwärtigen Weltzeit ist. Es ist ein Kampf auf Leben und Tod, den Jesus hier kämpft, der sein Leben fordert. So aussichtslos ist die Situation des Menschen in dieser Welt des Bösen: Er ist gefangen und versklavt an den Bösen. Nur so kann er gerettet werden, daß Jesus Christus ihn dieser Gefangenschaft entreißt.

Er tat solches *»nach dem Willen Gottes, unseres Vaters«*. Dort liegt der Grund seines Sieges über den Bösen: im Gehorsam gegen seinen Vater. Nur so konnte uns Jesus aus dem reißenden Strom des Verderbens retten, daß er sich selber an das Seil klammerte, das Gott festhielt. Eben darin erweist sich Gott als »unser Vater«, daß er den Sohn zu diesem Rettungswerk sendet und darin festhält. Darum kommt ihm die Ehre zu.

1,5: »... welchem sei Ehre von Ewigkeit zu Ewigkeit! Amen.«

Gott gehört alle *»Ehre«*. Es ist allein sein Wille und sein

Handeln, wodurch solche Rettung geschehen ist. Wer etwas anderes lehrt, der nimmt Gott die Ehre. Paulus betet Gott an. Er tut das mit dem biblischen Lobpreis, der schon im Alten Testament die Majestät Gottes pries: *»Von Ewigkeit zu Ewigkeit«.* Gott steht über der Zeit und den Zeiten. Er bleibt treu durch alle Zeiten hindurch.

Dieser überwältigende Lobpreis wird mit einem *»Amen«* abgeschlossen. Ja, so ist es! Jeder soll in dieses Lob mit einstimmen. Kann ein Mensch denn anders, als anzubeten, wenn er das Heilshandeln Gottes in Jesus Christus erkennt? Dieses Amen hat aber auch abschließenden Charakter. Im Grunde hat Paulus in diesen kurzen, wie gemeißelt dastehenden Sätzen, schon alles gesagt, was gegen die Verfälschung des Evangeliums in den galatischen Gemeinden gesagt werden muß. Wer nicht einfallen will in dieses anbetende Amen, dem wird es als richtendes Amen zum Urteil.

VORSCHLAG ZUR BIBELARBEIT ÜBER GAL 1, 1–5

1. **Einleitung:**
   a) Wir vergleichen: Welche Form haben unsere Briefe und welche Form hat der Brief des Paulus?

   b) Wo liegt Galatien? Auf der Karte aufsuchen! Wann war Paulus dort?

   c) Wir lesen gemeinsam Apostelgeschichte 14, 1–28 und 16, 1–6. Was erfahren wir über die Arbeit des Paulus?

   d) Wie können wir den Inhalt des biblischen Begriffes »Gnade« in eigenen Worten fassen?

2. **Durchführung:**
   Einleitungsbeispiel: Bewerbungsschreiben. Wir müssen

dabei unsere Qualitäten und Qualifikationen ins rechte Licht rücken. Paulus nennt keine eigene Qualität, sondern beruft sich auf einen anderen. Er ist nichts, doch mit Jesus hat er alles.

a) Christliche Selbstgewißheit ist Berufungsgewißheit. Paulus – der »Kleine«, »Geringe« – verwendet nicht mehr den Namen Saul. Er weiß sich abhängig von Jesus und hat selber nichts vorzuweisen. Er ist Apostel – damit hat er Vollmacht. – Das Wesen der Vollmacht. – Auch wir sind Berufene – Luther: »Der Heilige Geist hat uns durchs Evangelium berufen«. – Wir sind nicht Apostel, aber Jesu Bevollmächtigte; nicht von Menschen beauftragt, in die Gemeinschaft der Brüder eingebunden. – Bist du deiner Berufung gewiß? – Wen Jesus in die Nachfolge ruft, den beruft er auch zum Dienst.

b) Christliche Selbstgewißheit ist Rettungsgewißheit. Gnade, das ist die Zusammenfassung des Heiles in Jesus Christus. – Er hat sich für unsere Sünden gegeben. – Für uns! – Das ist ein Kampf mit dem Bösen, dem Satan selbst – Bild vom Rettungsseil. – Am Kreuz geschieht Rettung – herausgerissen aus der Gefangenschaft des Herrn der Welt – Jesus will nicht aufklären, nicht anleiten, sondern retten aus dem Untergang. – Bist du gerettet?

c) Christliche Selbstgewißheit ist Gottesgewißheit. Wir wissen um Gott als unseren Vater. – Jesus vollbringt seinen Willen. – Gott will unsere Rettung. – Das ist seine Ehre: die festhaltende Treue zu uns. – Wer die Rettung bestreitet, tastet Gottes Ehre an. – Das doppelte Amen: Stimme mit ein, sonst wird es zum Gericht.

Schluß: Gottes Qualität, seine Ehre in Gnade und Treue, das begründet christliche Selbstgewißheit.

In allen anderen Briefen des Paulus an Gemeinden folgt nun – wie im antiken Brief üblich – ein Dankeswort für Gottes Segen und Wirken in der jeweiligen Gemeinde. Im Galaterbrief läßt der Apostel dies bewußt weg. Die Lage in der Gemeinde ist wegen der Verführung der Irrlehrer wohl zu ernst. Ohne Umschweife spricht der Apostel deshalb diese bedrückende Not an.

3. GEGEN DIE VERFÄLSCHUNG DES EVANGELIUMS, 1, 6–10

3.1. DIE VERWIRRUNG DURCH EIN ANDERES EVANGELIUM 1, 6–7

1, 6: »Mich wundert, daß ihr euch so bald abwenden lasset von dem, der euch berufen hat in die Gnade Christi, zu einem anderen Evangelium.«

Paulus klagt die Galater nicht an, er bedroht sie nicht. Er gibt seiner Sorge sehr maßvoll Ausdruck: *»Mich wundert«,* darin drückt er sein Befremden zurückhaltend aus. »Ich staune darüber« kann man auch übersetzen. Es ist das erschrockene Staunen gemeint, das auch Jesus angesichts des Unglaubens der Leute von Nazareth befällt (vgl. Mk 6, 6). *»Daß ihr euch so bald abwenden lasset«,* – ihr Abfall von der Gnade geschah also bald. Es gibt viel Anfechtung und Versuchung in der Nachfolge. Wer zu Jesus gehört ist unter ständigem Beschuß des Herrn dieser Welt. Dieser gibt seine Beute nicht kampflos her. Daß er aber so bald Erfolg hatte, das befremdet Paulus. Es ist ja nicht nur eine andere Art zu glauben oder ein anderer Frömmigkeitsstil, worum es geht. Paulus sagt es sehr deutlich: Es ist ein Abfall von Gott, zu dem sich die Galater verleiten ließen.

Gott hat sie berufen *»in die Gnade Jesu Christi«.* Damit ist der Herrschaftswechsel geschehen. *»Die Gnade Jesu Christi«,* das ist der Machtbereich, den seine Heilstat am Kreuz mitten in dieser Welt eröffnet hat. Davon ließen *»sie sich abwenden«;* das heißt aber ganz scharf: Sie verlassen den Herrschaftsbereich des Christus und verfallen der alten Gefangenschaft. Irrlehre ist nicht nur eine Verbiegung des Denkens oder des Verstehens, sondern bringt in die Gefahr der Zurückführung in die Gefangenschaft des Herrn dieser Welt. »Das andere Evangelium« liefert den Menschen an einen anderen Herrn aus. *»Evangelium«* – Paulus gebraucht zunächst dieses Wort. *»Ein anderes Evangelium«* heißt auch: Die Verführung vom rechten Evangelium tarnt sich als frohe Botschaft. Die Irrlehre tritt oft in verblüffend christlichem, ja biblischem Gewand auf. Sie will selbstverständlich auch das Heil anbieten. Oft läßt sie das Evangelium von Jesus Christus durchaus gelten und tarnt sich unter dem Deckmantel einer weiteren, zusätzlichen Hilfe. So wird es wohl in Galatien gewesen sein. Die Botschaft von Jesus Christus wird stehen gelassen, aber das Gesetz und die Beschneidung werden als zusätzliche Heilsmittel angegeben. Damit ist aber die Gnade, die durch Jesus Christus gegeben ist, entwertet. Überall, wo es *»Jesus und . . .«* heißt, da gewinnt das »und« die Oberhand. Darum sind solche Zusätze, so harmlos sie auch aussehen mögen, *»ein anderes Evangelium«,* ja noch deutlicher: eine teuflische Verführung.

1, 7: ». . . obwohl es doch kein anderes gibt, nur daß etliche da sind, die euch verwirren und wollen das Evangelium Christi verkehren.«

Damit ist dieser falsche Gedanke zurechtgerückt, die Irrlehre als Irrlehre entlarvt, als gefährliche Verwirrung. *»Obwohl es doch kein anderes gibt«,* es gibt nur *eine* Botschaft, nur *eine* Nachricht, die wirklich Evangelium »frohe Nachricht« ist und das ist das *»Evangelium Christi«.* Wer will denn sonst den Menschen retten aus der tödlichen Gefangenschaft des Bösen? Wer will denn sonst die zerstörende Kraft der Sünde bannen oder uns von den vernichtenden Folgen unserer Sünde bewahren? Es gibt nur *ein* Evangelium, das Evangelium von der Rettung durch Jesus Christus. Alles andere ist Betrug, ist falsches Evangelium, ist Unheilsbotschaft im Gewand des Heils.

Das ist Aufdeckung der Irrlehre, *»daß etliche da sind, die euch verwirren«*, damit ist der Betrug deutlich beim Namen genannt. *»Verwirren«*, das ist das Ergebnis solcher Irrlehre, – eigentlich noch schärfer: diese Leute wiegeln auf, bringen in Unruhe; ja, so scharf kann dieses Wort gefaßt werden: sie stiften zum Aufruhr an. Irrlehre beinhaltet immer die Rebellion gegen die Herrschaft Jesu Christi. Nicht nur eine Lehre wird bestritten, sondern die Macht und Herrschaft Jesu Christi selbst. *»Sie wollen das Evangelium Christi verkehren«*, also nicht verdeutlichen oder vereinfachen, wie sie vielleicht vorgeben. Nein, das Evangelium wird, wo es mit dem Gesetz vermischt wird, in sein Gegenteil verkehrt. Es bleibt nicht das Evangelium der Gnade, es wird zum Fluch des Gesetzes.

In maßvollen Worten hat Paulus begonnen, die Galater anzureden. Doch in der Sache bringt er eine unüberbietbare Schärfe zum Ausdruck. Irrlehre, wie sie in den Gemeinden Eingang gefunden hat, bringt die Rebellion gegen Gott, bestreitet die Herrschaft Jesu Christi; bindet wieder hinein in das Reich des Bösen und verkehrt die frohe Botschaft in ihr glattes Gegenteil. Die Bedrohung der Gemeinden Galatiens reicht bis an die Wurzeln ihres Glaubens und damit ihrer Errettung.

3.2. DAS EVANGELIUM IST MENSCHLICHEM ZUGRIFF ENTZOGEN 1, 8–10

1, 8 + 9: »Aber wenn auch wir oder ein Engel vom Himmel euch würde Evangelium predigen anders, als wir euch gepredigt haben, der sei verflucht. Wie wir eben gesagt haben, so sage ich abermals: Wenn jemand euch Evangelium predigt anders, als ihr es empfangen habt, der sei verflucht.«

Paulus deckt den Gemeinden nicht nur die Tiefe und die Tragweite ihres Abfalls auf, sondern er zeigt die ganze Schärfe der Situation auch in der feierlichen Verfluchung der Aufwiegler, der Irrlehrer. Zunächst hält er in der Vollmacht des Gesandten Jesu Christi, als Apostel an seiner, die Gemeinden einst gründenden Verkündigung als dem wahren und einzigen Evangelium fest. Hier läßt er sich nichts abmarkten, als könne man es so oder auch so sagen. Es gibt kein anderes Evangelium *»als wir euch gepredigt haben«* und noch einmal bekräftigend, kein anderes *»als ihr es empfangen habt«*.

»Anders als wir« – schärfer noch: neben dem, wie wir es euch bezeugt haben, ja, sogar gegen unsere Verkündigung. Da ist jeder Kompromiß ausgeschlossen. Das *»wir«* ist nicht nur eine Wendung; vielmehr stellt sich Paulus mit seiner Verkündigung in die Gemeinschaft der Glaubenden hinein. Das *»wir«* nimmt das *»alle Brüder«* (V. 2) wieder auf. Die Galater sind mit ihrem Irrglauben nicht nur von Gott abgefallen, sondern sie haben sich damit auch von der großen Gemeinschaft, der Gemeinde Jesu Christi, getrennt.

Paulus hat das Evangelium in den Gemeinden *»gepredigt«*. Das griechische »Euangelizomai« steht im Sinne von glaubensweckender Missionspredigt, etwa im Sinne unseres Wortes »evangelisieren« (vgl. auch Luk 3, 18; Apg 8, 25; 14, 21 und 16, 10). Die Galater haben es *»empfangen«*, sie haben das Evangelium an- und aufgenommen. Übertragen kann das Wort auch bedeuten: das Evangelium hat sie eingenommen und erobert. So sind sie zum Glauben gekommen und daran hält Paulus fest. Er hat den rechten Grund gelegt.

Freilich, diese Gewißheit macht den Apostel nicht selbstgerecht. Er weiß auch sich und die anderen Brüder in der Gefahr, das Evangelium zu verlieren: *»Aber wenn auch wir oder ein Engel vom Himmel euch würde Evangelium predigen anders, als wir euch (damals) gepredigt haben, der sei ver-*

flucht.« Ein demütiges Wort des Apostels: *»Auch wir«*, das Evangelium ist nicht ein Ein-für-alle-mal-Besitz. Der Zeuge dieser Botschaft ist bedroht und umkämpft, auch er kann fallen. Aber die Botschaft steht über dem Boten. Nur wenn der Apostel Christi Sklave bleibt, bleibt er am rechten Evangelium. Denn die Botschaft hängt an Christus. Er bürgt für ihre Wahrhaftigkeit. Selbst *»ein Engel vom Himmel«* besitzt keine Autorität, um das Evangelium zu erschüttern. »Das Evangelium«, das ist Gottes Offenbarung in Jesus Christus und damit unabhängig von menschlicher Meinung, menschlichem Zugriff entzogen.

Wer aber gegen dieses göttliche Evangelium falsches Heil stellt, *»der sei verflucht«.* Paulus stellt sich selbst und alle Brüder unter diesen Fluch, wenn sie gegen Gottes Wort zeugen würden. »Anathema« – verflucht – ist eine Übersetzung des Hebräischen »chérem«. Damit wurde ursprünglich eine Sache oder Person bezeichnet, die für Gott ausgesondert und ihm geweiht war, etwa die Opfergaben. In voller Schärfe meint es dann aber hier »dem Zorn und Gericht Gottes übergeben sein«. In diesem Fluchwort steht bei allem Schrecklichen auch eine demütige Zurückhaltung. So wie das Evangelium ganz Gottes ist, so ist auch die Strafe an dem Irrlehrer seine eigene Sache. Nicht Paulus oder die Gemeinde vollziehen das Gericht – sie trennen sich allerdings von den Verführern (vgl. Röm 16, 17+18)! – Gott aber wird sein Evangelium selbst schützen und die Aufrührer richten (vgl. Röm 12, 19). Das Fluchwort des Paulus (vgl. auch Röm 9, 3; 1. Kor 16, 22) ist keine Aufforderung, die Irrlehrer mit Gewalt in der Gemeinde zu strafen, auch kein Wunsch, Gott möge ihnen Böses antun; vielmehr übergibt er die Aufrührer dem heiligen Gericht Gottes selbst.

1, 10: »Predige ich denn jetzt Menschen oder Gott zu Gefallen? Oder gedenke ich Menschen gefällig zu sein? Wenn ich den Menschen noch gefällig wäre, so wäre ich Christi Knecht nicht.«

Paulus greift damit einen Vorwurf der noch ungenannten Irrlehrer auf. Sie klingt fast bitter, seine erste Frage: *»Will ich denn jetzt wirklich Menschen überreden oder gar Gott selbst?« »Predigen«,* wörtlich *»überreden«,* steht hier im negativen Sinn von »einwickeln«, vielleicht sogar mit unserem saloppen Ausdruck »um den Finger wickeln«. Das war wohl der Vorwurf seiner Gegner. Sie verunsicherten die jungen Christen mit persönlichen Verleumdungen des Apostels, der ihnen die Botschaft gebracht hatte. Etwa so: »Der hat euch ja eingewickelt, er hat euch beschwatzt und gar nicht das volle Evangelium gesagt, aus Angst, er könne dann eure Zuneigung verlieren. Die Notwendigkeit des Gesetzes hat er deshalb weggelassen. Wir bringen euch jetzt den vollen Weg zum Heil.« *»Meint ihr das wirklich?«* so fragt Paulus dagegen. Die Echtheit seines Dienstes am Evangelium können sie aus der Schärfe seiner Verurteilung des falschen Evangeliums sehen. Zugespitzt fragt ja Paulus sogar, ob er Gott einwickeln wolle? Darin kommt die Unsinnigkeit dieser Anschuldigung zu Tage. Gott läßt sich nicht einwickeln oder beschwatzen. Paulus sucht ganz sicher, ihm zu gefallen, aber so, daß er sich ausschließlich an Gottes Wort gebunden weiß. Er ist *»ein Sklave Christi«.* Wer dem Apostel die Lauterkeit seiner Verkündigung bestreitet, der spricht ihm die Lebensgemeinschaft mit Christus ab. So tief reichen diese Vorwürfe.

»Oder gedenke ich Menschen gefällig zu sein?« Das ist die Gefahr des Verkündigers, daß er sucht, sich bei Menschen beliebt zu machen. Das aber will Paulus nicht. Dieser Vorwurf (vgl. 2. Kor 5, 11) trifft ihn nicht, denn er ist *»Sklave Christi«.* An seinen Herrn allein ist er gebunden, nach ihm richtet er sich, ihm ist er gehorsam. Seine Botschaft sucht zwar die Menschen zu gewinnen (1. Kor 9, 9–22), dabei will er aber den Menschen nicht zu Gefallen reden. Das ist die Spannung unter der jede Verkündigung des Evangeliums geschieht.

VORSCHLAG ZUR BIBELARBEIT ÜBER GAL 1, 6–10

1. **Einleitung:**
   a) Wir erarbeiten in zwei Gruppen und mit der Konkordanz die beiden Begriffe »Evangelium« und »Fluch«.
   Wo kommen sie in der Bibel vor und was bedeuten sie?

   b) Gespräch: Was gibt es heute für Irrlehren?

   c) Wo stehen wir in der Gefahr, Menschen gefällig sein zu wollen?

   d) Mögliche Überschrift: »Der Ernst der Verführung«.

2. **Durchführung:**
   Eingangsbeispiel: Ein Kuchen wird gebacken. Er sieht gut aus. Doch im Mehl war Gift. Es ist ein Kuchen, sieht auch so aus, doch ist er gefährlich. – Wer dem Evangelium Eigenes beimischt, der verändert es bedrohlich. Das tun die Irrlehrer in Galatien. Das deckt Paulus auf.

   a) Zum Abfall verführt
   Es gibt nur ein Evangelium – die frohe Botschaft von Jesus Christus. – Alle anderen Heilsbotschaften sind Betrug. Gefährlicher noch: sie bewirken den Abfall vom Glauben. – Wo das »Jesus und . . .« gelehrt wird, da wird Jesu Macht und Herrschaft bestritten. – Da kommt es zum Herrschaftswechsel. – Das Neue Testament mahnt vor der Gefahr der Irrlehre; auch wenn sie im täuschenden christlichen Gewand auftritt. – Wir sind auch heute von Irrlehre bedroht. – Die »christlichen Irrlehren«: Jesus der Revolutionär, der politische Befreier etc. – Solcher Verführung widersteht nur der, der sich ganz an Christus gebunden hat – nämlich an sein Wort.

b) Vom Gericht bedroht

Den Verführer trifft der Fluch des Gerichtes. – Das ist Gottes Sache. – Die Gemeinde widersteht mit dem Wort: »Es steht geschrieben« (Matth 4, 4 ff.). – Auch wir stehen in der Gefahr der falschen Lehre; nur ständiger Umgang mit dem Wort bewahrt uns davor. – Mündige Christen sind bibelkundige Christen. – Gottes Gericht über die Irrlehrer ist Bewahrung seiner Gemeinde. – »Anathema« bedeutete schon im Judentum den Ausschluß aus der Synagogengemeinde. – So Röm 16, 17: ». . . weichet von ihnen.« – An der Irrlehre entsteht Trennung und Scheidung. – Sie muß sein.

c) An Christus gebunden

Eindeutig bleiben heißt bei Christus bleiben. – Am Wort der Schrift bleiben. – Was heißt das heute? –

1. Der Wortlaut hat Vorrang. – Lesen, was dasteht. – Bibelarbeit heißt arbeiten mit der Bibel (Kommentare, Konkordanz, verschiedene Übersetzungen und andere Hilfsmittel). – Es gibt so viele oberflächliche Bibelleser. –
2. Die Übereinstimmung der Gemeinde im Glauben. Sonderlehren sind gefährlich. – An Christus bleiben heißt in der Gemeinde bleiben. – Sich korrigieren lassen.
3. Auf die Väter achten: Sie haben mit der Schrift gelebt. – Vom Segen der Zeugenlinie.

Schluß: Paulus nennt sich Sklave Jesu. – Nur noch einem dienstbar. Deshalb ohne Menschenfurcht!

B. DER DREIFACHE ERWEIS FÜR DIE BEVOLLMÄCHTIGUNG DES APOSTELS PAULUS DURCH GOTT SELBST, 1, 11–2, 21

In den meisten anderen Briefen entfaltet Paulus nach dem Gruß und dem Dank für die Gemeinden – er fehlt ja bezeichnenderweise in diesem Brief – das Heilsgeschehen durch Gottes Handeln in einem sogenannten dogmatischen Teil (vgl. Röm 1, 16–11, 36; 1. Kor 1, 18ff.; Eph 1, 3–3, 21; Kol 1, 15–2, 25). Im Brief an die Galater kommt vor solcher »Lehre« (3+4) eine ausführliche historische Rückschau, die dazu dient, Vorwürfe der Gegner gegen den Apostel zu entkräften und seine apostolische Autorität zu erweisen.

Er führt einen »Erweis«. Wir wählen bewußt diesen Begriff und sagen nicht »Beweis«. Denn in geistlichen Fragen, und darum geht es bei der apostolischen Vollmacht, kann auch nur der geistlich Gesinnte sehen und erkennen. Der andere bleibt seinem Widerstand verhaftet und deswegen blind. In geistlichen Dingen gibt es deshalb grundsätzlich keine »Beweise«, denn das Evangelium scheidet nicht zwischen »Dummen« und »Intellektuellen«, sondern vielmehr zwischen solchen, die »erleuchtet« sind vom Geist Gottes und solchen, die »blind« sind, in ihrem eigenen Denken gefangen.

Paulus nimmt zu den Verleumdungen gegenüber seiner Person entschieden Stellung und weist sie zurück. Das tut er nicht aus verletzter menschlicher Eitelkeit, aus Ehrsucht oder aus einem Beleidigtsein heraus. Es gilt vielmehr: Wer den Boten angreift, der greift seine Botschaft und damit seinen Auftraggeber an. Deshalb muß hier ganz scharf abgewehrt werden. Der Bote steht und fällt mit der Beauftragung durch seinen Herrn und mit der Wahrhaftigkeit seiner Botschaft. Das zeigt dieser Briefabschnitt sehr deutlich. *»Sklave Jesu Christi«*, dieses Selbstzeugnis aus V. 10 ist die Überschrift über den ganzen Abschnitt (1, 11–2, 21). Nichts anderes will Paulus sein. Es ist das »christliche

Selbstbewußtsein«, das hier eindrucksvoll entfaltet wird. Dabei wird deutlich: Christliches Selbstbewußtsein, so schroff, wie es Paulus hier formulieren kann, beruht nicht auf der eigenen Qualität; es bezeichnet die »fremde Qualität« des Apostels. Christliches Selbstbewußtsein ist Jesusbewußtsein, ist Wissen um die Berufung, die Sendung und die zu verkündigende Rettungsbotschaft.

Zwar ist die Botschaft unabhängig vom Boten. Das Evangelium bleibt Evangelium, auch wenn der Zeuge ihm zuwider lebt. Man kann sogar Evangelium predigen und »selbst verwerflich werden« (1. Kor 9, 27). Es gibt eine Predigt des Evangeliums sich selber zum Gericht. Doch richtet ein ungetreuer Zeuge seiner Botschaft große Hindernisse auf und hemmt sie, ja hindert den Lauf des Evangeliums. Darum redet Paulus hier so deutlich. Es geht ihm nicht um seine Person, sondern um seinen Herrn und sein Evangelium.

1. VOM CHRISTUS SELBST BERUFEN, 1, 11–17

1.1. AUS DEM PHARISÄISCHEN EIFER HERAUSGERISSEN, 1, 11–14

1,11 + 12: »Ich tue euch aber kund, liebe Brüder, daß das Evangelium, das von mir gepredigt ist, nicht menschlicher Art ist. Denn ich habe es von keinem Menschen empfangen noch gelernt, sondern durch eine Offenbarung Jesu Christi.«

»Ich tue euch aber kund«, in geradezu eindringlicher, feierlicher Einführung beginnt Paulus seine Darlegung. Es geht ihm um eine ganz grundsätzliche Feststellung. Er gibt den Galatern in dem folgenden Bericht Einblick in die wichtigste Stunde seines Lebens, in seine Begegnung mit dem Auferstandenen selbst, der ihn zum Apostel berief. Solch ein persönliches Bekenntnis ist keine Dutzendware. Paulus führt es nicht überall und zu jeder Stunde im Mund. Die

persönlichsten Erfahrungen und Begegnungen mit Gott werden entwertet und entleert, wenn sie zur Selbstdarstellung benützt werden. Es liegt eine »geheiligte Keuschheit« über diesem Bekenntnis. Wir sollten in unseren persönlichen Zeugnissen diese Zurückhaltung und Keuschheit beachten. Die Galater sind dem Apostel *»liebe Brüder«.* Trotz aller Enttäuschung weiß er sich noch mit ihnen zusammen gebunden und hält an der Gemeinschaft der Glaubenden fest. Diese Anrede zeigt aber auch sein eindringliches, von der suchenden Liebe geleitetes Werben um die Gemeinden.

Paulus kommt nun zum entscheidenden Punkt: Das von ihm »verkündigte Evangelium« ist nicht von »menschlicher Art«. Damit greift er einen Hauptvorwurf seiner Gegner auf. Sein »Evangelium« ist mit menschlichen Maßstäben nicht zu erfassen. Die Verführer der Gemeinden scheuten nicht davor zurück, auch die Verkündigung des Apostels anzugreifen. Sie verquickten wohl die Botschaft und den Botschafter. Indem sie seine Person in Zweifel zogen, machten sie auch seine Verkündigung unsicher und verunsicherten diese Botschaft durch psychologisierende und andere einordnende menschliche Maßstäbe. Doch das Evangelium ist nicht »von menschlicher Art«. Alle Erklärungsversuche mit den Kategorien des menschlichen Erkennens bewirken deshalb hier nichts. Das ist ein ungeheurer, selbstbewußter, für viele sogar überheblicher und anstößiger Anspruch, den Paulus hier erhebt: *»Nicht von menschlicher Art«,* deshalb kann auch der »natürliche Mensch« nichts erkennen, es ist ihm eine »Torheit«; »denn es muß geistlich verstanden sein« (1. Kor 2, 14). Wer die Bibel nach historischen, psychologischen, sozialen, politischen, philosophischen und sonstigen menschlichen Maßstäben erfassen und erklären will, verfehlt sie weit. *»Nicht von menschlicher Art«,* das sollte uns vorsichtig machen auch mit unseren Theologien und Auslegungen. Nur der kann das Wort Gottes recht verstehen, dem der Geist Gottes die Augen geöffnet hat. Wer »in Christus neue Kreatur« (2. Kor 5, 17) geworden ist, durch Gottes Geist »göttlicher Art« geworden ist, der hat Zugang zum göttlichen Wort.

Offensichtlich haben die Gegner des Paulus ihn schlecht gemacht mit der Behauptung, er sei eben ein »Nachschwätzer«, rede nur nach, was er von anderen gehört habe und besitze so keine eigene Autorität. Die Botschaft des Paulus ist aber auch insofern *»nicht von menschlicher Art«*, weil er sie weder *»von Menschen empfangen noch gelernt«* hat. Hier argumentiert Paulus historisch. Zwar wird die göttliche Art, das Evangelium, dadurch nicht bewiesen, es bleibt beim Erweis durch vertrauendes Anerkennen; aber doch gibt es nachprüfbare Tatsachen, die die Verleumdungen widerlegen. Der Apostel hat sein Evangelium nicht *»empfangen«* von einem Menschen. »Empfangen« bedeutet hierbei die Kette der Tradition. In der rabbinischen Literatur des Judentums bezeichnet »empfangen« die Übernahme der Lehrtradition der Väter, von Mose bis zu den Rabbinen. Man ist Glied einer ununterbrochenen Kette, die rein und unverfälscht, nach genauen Regeln, die Überlieferung bewahrt. Paulus aber ist nicht Glied einer Kette. Sein Anspruch heißt: er ist Anfang einer solchen weitergebenden und empfangenden Kette und nicht darin eingeordnet. Als solch ein »Erster« ist er Apostel wie die anderen Apostel. Er hat das Evangelium auch nicht von einem Menschen *»gelernt«*. Damit ist auch die andere Möglichkeit des Ursprungs einer Botschaft verneint. Er steht nicht in einem Lehrer-Schüler-Verhältnis etwa zu einem anderen Apostel. Er ist nicht unterrichtet worden und so nur Zeuge aus »zweiter Hand«. Nein, sein Evangelium beruht auf *»einer Offenbarung Jesu Christi«*. Der Auferstandene selbst ist ihm begegnet, das ist der Urgrund seiner Verkündigung. Er selbst, der auferstandene Herr, hat ihm das Evangelium in persönlicher Begegnung enthüllt und sich selbst als den Inhalt dieser »frohen Botschaft« gezeigt.

Paulus beruft sich auf diese Offenbarung Jesu Christi, dort vor Damaskus. Das aber ist die Autorität der Apostel, die ihnen allein – auch historisch gesehen – zukommende Qualität: Ihr Evangelium ist unmittelbar gebildet. Sie sind vom Herrn in persönlicher, leiblicher Gegenwart berufen und unterrichtet. Was die anderen Apostel zu Lebzeiten

Jesu und in den vierzig Tagen zwischen Ostern und Himmelfahrt gelernt und empfangen haben, das hat Paulus »gelernt und empfangen« vor Damaskus und in den Tagen danach. Niemand mehr nach Paulus kann einen solchen Anspruch erheben. Er ist der Letzte – zeitlich der Letzte – den Christus in leibhaftiger Begegnung selbst unterrichtet und beruft. Nun heißt es über alle, die vom Evangelium verändert werden, »sondern der heilige Geist hat mich durch's Evangelium berufen«, wie es Martin Luther in der Erklärung zum dritten Glaubensartikel unmißverständlich ausdrückt. Jeder, der sich heute auf direkte Gottesoffenbarung beruft, ist ein Verführer und darf in der Gemeinde keine Autorität beanspruchen. Wir stehen in der Kette des überlieferten Wortes, alles andere ist Schwärmerei. Es wird das Kennzeichen des Antichristen sein, daß er sich nicht mehr in die Kette stellen wird, sondern in selbstgegebener Vollmacht Anfänger sein will, und er wird *so* viele verführen.

Mit der Damaskusbegegnung zwischen Paulus und dem Auferstandenen sind die leiblichen Offenbarungen Jesu Christi abgeschlossen. Er hat sich seine Apostel gesammelt und durch deren Verkündigung wird nun das Reich Gottes gebaut und die Gemeinde gesammelt. Wer anderes sagt, lügt.

1, 13 + 14: »Denn ihr habt ja wohl gehört von meinem Wandel vormals im Judentum, wie ich über die Maßen die Gemeinde Gottes verfolgte und sie zu zerstören suchte und nahm zu im Judentum weit über viele meiner Gefährten in meinem Volk und eiferte über die Maßen für die väterlichen Satzungen.«

Diese Berufung zum Apostel Jesu Christi war nach menschlicher Sicht Paulus gewiß nicht in die Wiege gelegt. Er ging einen ganz anderen Weg. Paulus verschweigt seine Vergangenheit nicht, zumal *»ihr ja wohl gehört habt, von meinem Wandel vormals im Judentum«*. Allerdings liegt auch über diesen Worten die Keuschheit des persönlichen Bekenntnisses. Es ist nicht gut, wenn bei manchen Zeugnisstunden so nach dem Motto erzählt wird: »Je größer und drastischer die Verlorenheit und Sünde, desto herrlicher die Bekehrung.« Es gibt auch ein Verliebtsein in die Sünde. Sehr klar, aber ohne falsche Dramatisierung verweist Paulus auf seinen früheren Weg. Er wollte ein rechter Jude sein. Er *»nahm zu im Judentum«;* damit ist die Lebensführung und der Lebenswandel als frommer Jude gemeint. Solch ein *»Wandel im Judentum«* bestand im *»übermäßigen Eifer für die väterlichen Satzungen«*, worin Paulus damals *»viele seiner Gefährten in seinem Volk übertraf«*. Nicht nur die Thora, das durch Mose erhaltene Gesetz, sondern auch alle Auslegungen zur Absicherung des Gesetzes waren für Paulus verbindlich. Ein *»Eiferer um die väterlichen Satzungen«* hielt den Sabbat bis in die kleinste Kleinigkeit. Die Speisegesetze waren ihm unverbrüchlich. Die Reinheitsgebote hielt er heilig. Den Zehnten gab er pünktlich. Ein Leben nach dem Gesetz, samt allen 613 Ge- und Verboten, war anstrengend und entbehrungsreich. Das erforderte Zucht und Einübung. Darum sagt Paulus, *»ich nahm zu«*, ich wuchs hinein, diese Gebote und Verbote gingen ihm in Fleisch und Blut über. Vieles, was andere Juden sich erlaubten, unterließ er. Sein ganzer Eifer galt der pünktlichen Erfüllung der Vorschriften.

Die Gesetzesfrömmigkeit kommt nie zur Ruhe. Im Befolgen aller göttlichen Ordnungen schleichen sich durch Unkenntnis, durch Lauheit oder durch neue Situationen immer wieder Verletzungen ein. Paulus will die Heiligkeit eines gottgefälligen Lebens erlangen. Die Gesetzesfrömmigkeit stellt den Menschen auf einen Weg, der alle seine Kräfte und Anstrengungen fordert und erst dann zu Ende ist, wenn am Ende Gott die verdiente Gerechtigkeit zuspricht auf Grund der Bemühungen und Werke. Doch bis dahin bleibt die Unsicherheit. Wie ganz anders ist doch die Nachfolge Jesu Christi. Auch dort werden die Jünger auf einen Weg gestellt, aber die Gerechtigkeit wird ihnen am Anfang des Weges geschenkt und zugesprochen. Ihr Laufen dient nicht mehr dem eigenen Verdienst; sie leben ja vom Verdienst ihres Herrn. Ihre Anstrengung muß jetzt nicht mehr sie selbst sichern; sie sind ja gesichert in Jesus. Sie laufen zum Ziel ihrer Berufung und haben alle Kraft frei, andere mitzunehmen und einzuladen. Darum ist Nachfolge Jesu Christi nicht Selbstzweck, auf das eigene Heil ausgerichtet – denn unser Heil ist ja durch Jesus geschaffen –, sondern Nachfolge Jesu ist missionarisch, ist Dienst der Rettung in dieser untergehenden Welt.

Der Pharisäer Saulus = Paulus setzte allen Eifer ein für die Gesetzesgerechtigkeit. Er *»nahm zu, weit über viele seiner Altersgenossen«*. So stecken in dieser Gesetzlichkeit das Vergleichen, das Überheben, der Stolz und der Selbstruhm wesensmäßig drin, denn der Grad des Eifers und das Maß der Anstrengung bestimmt ja dann auch den Lohn. Welch tiefe Entfernung vom Evangelium! Paulus konnte damals für die Botschaft von der geschenkten Gerechtigkeit nur Ablehnung und Haß empfinden. Der christliche Glaube wächst ganz gewiß nicht wesensmäßig aus der jüdischen Gesetzesfrömmigkeit heraus. Gerade sein Eifer verschloß Paulus unerbittlich gegen die Botschaft der Christen. Sein Eifer macht ihn zwangsläufig zum Feind Jesu Christi und seiner Gemeinde. Deshalb muß er das auch von sich sagen: *»wie ich über die Maßen die Gemeinde Gottes verfolgte und sie zu zerstören suchte«*. Die Frömmigkeit aus dem Gesetz führt zum Haß gegen das Evangelium. Er war ein Verfolger der *»Gemeinde Gottes«*, eben weil er die gesetzestreue Gemeinschaft der eifernden Pharisäer für die *»Gemeinde Gottes«*, so der alttestamentliche Ehrentitel, ansah. Dagegen konnte kein anderer Anspruch stehen. Verfolgung und Vernichtung um der Ehre Gottes willen, konnte die einzige Antwort sein. Zwischen dem gesetzestreuen Judentum und der allein auf Gnade erbauten neutestamentlichen Gemeinde kann es für den Juden bis heute letztlich keine Koexistenz, und erst recht nicht einen Ausgleich geben. Erfahrungen der Judenmission in Israel, gerade heute, belegen dies.

Und Paulus setzte diese Ablehnung in die Tat um. Seine Verfolgung und Verstörung war durchaus kein Schlag ins Wasser. *»Über die Maßen«*, außerordentliche Maßnahmen ergriff er und sein Name hatte für die Gemeinde erzitternde Wucht (vgl. Apg 8, 1–3; 9, 1–2; 22, 4. 19).

Paulus war als Pharisäer gewiß kein »latenter« Christ; er war ein Feind des Christus. Es führt keine Linie von dem Pharisäer Saulus zu dem Apostel Paulus. Das war die neuschaffende Tat des Christus selbst. So bekennt es auch Paulus.

1.2. ZUM VERKÜNDIGER DES EVANGELIUMS BERUFEN, 1, 15–17

1, 15: »Da es aber Gott wohlgefiel, der mich von meiner Mutter Leibe an hat ausgesondert und berufen durch seine Gnade.«

Es war dem Paulus nach menschlichem Ermessen nicht in die Wiege gelegt worden, daß er Apostel Jesu Christi wurde, aber sein Weg begann doch längst vor seiner Geburt. *»Da es aber Gott wohlgefiel«* – der tiefste Grund der Bekehrung des Paulus liegt in seiner Erwählung vor seiner Geburt. Das griechische Wort für *»wohlgefiel«* meint nicht etwa eine augenblickliche Laune oder aus einem Gefühl heraus; hier wird der durchdachte Willensentschluß Gottes hervorgehoben. Sein Heilsweg mit Paulus begann schon *»von Mutterleib an«*. Sein Leben stand schon immer unter Gottes besonderer Vorsehung, wie bei Jeremia (Jer 1, 4+5) und Simson (Ri 13, 5), Johannes dem Täufer (Luk 1, 15), bei Jesus (Luk 2, 21) und eben Paulus selbst. In ihnen handelt Gott auf ganz besondere, entscheidende Weise. Sie sind Kernpunkte seines Heilsplanes.

Gottes Plan mit Paulus stand fest, lange bevor er selbst anfing zu planen. Freilich, er wird in diesen Plan nicht hineingezwungen. Die eigene Möglichkeit der Entscheidung wird Paulus gelassen. Gott hat ihn *»ausgesondert«*, eigentlich »zur Seite gestellt«. So wie wir uns etwa ein Geschenk für eine besondere Gelegenheit aufbewahren, bis die richtige Stunde dafür ist, so hat Gott Paulus aufbewahrt, bis die Stunde seines Heilsplanes da war. Dann hat er ihn *»berufen durch seine Gnade«*, herausgerufen aus seinen eigenen Wegen und in seinen Dienst gestellt. Es ist wohl an die Begegnung vor Damaskus zu denken. Dort traf ihn der Ruf des Christus. Dort sagte er *»Ja«*. Diese Berufung war nicht die Folge seiner Fähigkeiten, sondern sie gründet allein in Gottes Gnade. Dem Verfolger und Zerstörer der Gemeinde Jesu tritt Jesus nicht als erbarmungsloser Richter entgegen; er ruft ihn in seinen Dienst – das ist die Gnade. Wo Zorn zu erwarten wäre, Gericht und harte Strafe, da handelt Gott in freier, schenkender und rufender Liebe. Er öffnet ihm die Augen dafür, wer Jesus Christus ist.

1, 16 + 17: »daß er seinen Sohn offenbarte in mir, damit ich ihn durchs Evangelium verkündigen sollte unter den Heiden, fuhr ich zu und besprach mich nicht mit Fleisch und Blut, ging auch nicht hinauf nach Jerusalem zu denen, die vor mir Apostel waren, sondern zog hin nach Arabien und kam wiederum nach Damaskus.«

Das ist inhaltlich die Wende, die Bekehrung im Leben des Paulus. Er erkennt das Wesen Gottes, weil *»Gott, seinen Sohn offenbart«* in ihm. Gott »enthüllt« dem gesetzeseifernden Pharisäer sein innerstes Wesen. Was er vorher radikal abgelehnt und bekämpft hatte, daß Jesus Gottes Sohn sei, das sieht er nun. Es ist keine dogmatische Einsicht; die Wucht der Erscheinung des Auferstandenen selbst reißt Paulus die Decke von den Augen. *»In mir«* – bis in den Kern seines Wesens wird Paulus durch diese leibliche Begegnung getroffen und verwandelt.

Er »lernt« das Evangelium vom auferstandenen Christus selbst. So enthüllt *»offenbart«* sich Gott, daß er sein Wesen an Christus darstellt. Im Sohn ist Gott zu fassen und nirgendwo anders. Diese »Offenbarung«, die Enthüllung des Wesens Gottes, ist aber nicht Selbstzweck. Berufung ist immer Dienstbeauftragung. *»Ihn durchs Evangelium zu verkündigen unter den Heiden«,* dazu hatte Gott Paulus »ausgesondert«. Die Offenbarung Christi gibt dem Apostel die Beauftragung zur Heidenmission, hinauszugehen zu den Völkern. Gott zu erkennen in Jesus Christus, das führt zum Zeugnis, das bleibt nicht Geheimwissen des Paulus, das stellt ihn in die Aufgabe der Mission. So wird er aus dem Egoismus der Gesetzeserfüllung zum rufenden Diener der Rettung befreit.

»Ich fuhr zu«, im griechischen Text ist ausdrücklich »sofort« hinzugesetzt. Paulus hört den Ruf und folgt ihm. »Wenn Jesus ruft, so geh«, das bezeugen uns auch die Evangelien, wo besonders bei Markus das »alsbald« den sofortigen Gehorsam der in die Nachfolge berufenen Jünger hervorhebt (vgl. Mark 1, 18 u. ö.). Paulus *»bespricht sich nicht mit Fleisch und Blut«,* er wandte sich an niemanden um Rat. *»Fleisch und Blut«* kennzeichnet dabei die menschliche Art, wohl auch hintergründig die menschlichen Denk- und Verhaltensweisen, erst einmal alles zu bereden, abzuwägen, durchzudiskutieren und dann erst zu entschließen. Wie oft wird dabei Gottes Ruf und Willen zerredet und zerpflückt. Damit, daß er »sofort« und ohne menschlichen Rat dem Ruf Christi folgte, betont Paulus aber auch seine Unabhängigkeit und damit seine apostolische Würde. *»Ging auch nicht hinauf nach Jerusalem zu denen, die vor mir Apostel waren«,* nicht aus Mißachtung oder Geringschätzung tat er solches, sondern wieder tritt seine Eigenständigkeit hervor.

Er wurde gleich ein Bote seines Herrn, gerade unter den Heiden, denn dort in Arabien wird er wohl nicht geschwiegen haben. *»Arabien«* meint wohl das Gebiet südöstlich von Damaskus, das Gebiet des Nabatäerreiches, ein Teil des heutigen Jordaniens. Wie lange sein Aufenthalt dort war, wissen wir nicht. Paulus nennt diese Wege und Stationen, damit deutlich wird, daß er ganz selbständig, im Gehorsam gegen den Auftrag Jesu und geführt von ihm, seinen Weg geht.

VORSCHLAG ZUR BIBELARBEIT ÜBER GAL 1, 11–17

1. Einleitung:

a) Wir lesen Apg 8, 1–4 und 9, 1–25. Welche genaueren Angaben enthalten diese Berichte?

b) Gespräch: Was verstehen wir unter Bekehrung?

c) Wie lebte ein Pharisäer? (Bibellexikon etc.)

d) Mögliche Überschrift: »Gott bekehrt«.

2. Durchführung:

a) Eingangsbeispiel: Reklameanzeige für Gewichtsabnahme: Vorher – Nachher. 2 Bilder als Beweis. Es ist der gleiche Mensch, aber nur schlanker. Teilreparatur. Bekehrung ist viel mehr: »Neu werden«. Eine Qualitätsänderung.

b) In aller Frömmigkeit – gefangen in sich selbst.
Alle Hochachtung vor dem Eifer des Paulus. Wieviel Verzicht und Krafteinsatz für Gott. Wir sollten nicht vorschnell verurteilen. Wo aber sitzt der Schaden? *»Nahm zu . . . weit über viele meiner Gefährten«* – der Hochmut der Gesetzlichkeit. Paulus müht sich nur für sich. Keinen Blick für den anderen. Gesetzesfrömmigkeit führt in Konkurrenz und Unduldsamkeit. Der Verfolger und Zerstörer der Gemeinde. Auch wir stehen in solchen Gefahren. Immer dort, wo wir nicht mehr aus dem Geschenk der Gnade leben. Das ist unsere natürliche »Qualität«: der Egoismus; gefangen in sich selbst. Der »fromme Egoismus«, kenntlich am Hochmut.

c) In Gottes Ruf – befreit zum Dienst
Gott ruft Paulus. Sein Plan für diesen Eiferer. Er hat ihn ausgesondert. Wir dürfen darauf vertrauen: Gott hat seinen Plan mit uns. Er zwingt uns nicht hinein, aber er ruft uns dringlich. Bekehrung ist Begegnung mit dem Christus. Für uns in seinem Wort. *»In mir«* – das ist die neue »Qualität«. Christus beschlagnahmt unser Herz. Er befreit uns von uns selber und ruft in seinen Dienst. Aus der Selbst-Sorge in die Für-Sorge. Wem sich Gott offenbart, den will er senden. Die vorlaufende Gnade Gottes. Er will, daß *alle* zur Erkenntnis der Wahrheit finden.

d) Im Gehorsam – unabhängig von Menschen
Paulus sagt *»Ja«*, sofort. Gottes Auftrag läßt sich auch zerreden (vgl. Matth 8, 18–22). *»Wer seine Hand an den Pflug legt ...«*. Gehorsam heißt, sich senden lassen. Paulus ist unabhängig von Menschen, weil er nicht nach menschlichen Ratschlägen entscheidet. »Echte Bekehrung« zeigt sich in solcher Unabhängigkeit. Bekehrt, nicht zu einem Evangelisten oder einem Pfarrer, sondern zu Jesus Christus hin. Wer sich seines Rufes gewiß ist, der schielt nicht nach anderen.

Schluß: Jesus will Nachfolger, keine Nach-sitzer. Bekehrung ist Sendung.

2. VON DEN ANDEREN APOSTELN UND BRÜDERN ANERKANNT, 1, 18–2, 10

2.1. DER ERSTE BESUCH IN JERUSALEM, 1, 18–24

In dem ersten »Erweis« (1, 11–17) seiner apostolischen Vollmacht betonte Paulus seine Berufung durch Christus selbst. Sein Amt und seine Botschaft hat er nicht auf den gewohnten Wegen der Überlieferung oder Belehrung und Einsetzung durch andere Menschen empfangen, sondern durch eine Offenbarung Jesu Christi selber. Er hat sich auch nicht mit Menschen beraten oder nach ihren Empfehlungen entschieden; vielmehr folgte er gehorsam und gleich dem Ruf des Herrn und kann so seine völlige Unabhängigkeit von Menschen erweisen. Sein Evangelium ist nicht menschlicher Art.

Auf den Vorwurf, er sei doch von den anderen Aposteln abhängig, antwortet er nun in diesem zweiten »Erweis« (1, 18–2, 10). Darin stellt er seine Beziehung zu den anderen Aposteln und zur Jerusalemer Muttergemeinde dar. Er hat zwar Verbindung aufgenommen, dabei aber seine eigene Beauftragung in völliger Unabhängigkeit bewahrt.

1, 18–20: »Danach über drei Jahre kam ich nach Jerusalem, Kephas kennenzulernen und blieb fünfzehn Tage bei ihm. Von den andern Aposteln aber sah ich keinen außer Jakobus, des Herrn Bruder. Was ich euch aber schreibe, siehe, Gott weiß, ich lüge nicht!«

Wieder sind es nachprüfbare historische Ereignisse, die Paulus hier ganz nüchtern aufzählt. Erst *»nach drei Jahren«* kam er zum ersten Mal wieder nach Jerusalem. Diese Zeitangabe kennzeichnet auch die entschlossene Umkehr des Paulus. Er war von Jerusalem mit den Vollmachten des Hohen Rates aufgebrochen, um die Christen in Damaskus zu vernichten. Ausdrücklich erzählt Lukas (Apg 9, 2), daß er sie nach Jerusalem bringen wollte, um sie dort dem verdienten Gericht zuzuführen. Nach seiner Berufung aber kehrt er nicht mehr dorthin zurück. Er folgt ganz und sofort dem Auftrag Jesu. Er läßt alles hinter sich und geht entschlossen den neuen Weg nach vorne. Sein Besuch in Jerusalem wurde sicher auch dadurch ausgelöst, daß er sich in Damaskus die Feindschaft der Juden zugezogen hatte, in Lebensgefahr geriet und unter abenteuerlichen Umständen fliehen mußte (vgl. Apg 9, 23 ff.). Das alles erwähnt Paulus hier aber nicht, er verweist in keiner Weise auf seinen Einsatz und seine Leiden. Jetzt ist ihm ein anderer Gedankengang wichtig. Er wollte *»Kephas kennenlernen«*. Daß dies erst »drei Jahre« nach seiner Berufung erfolgte, betont sehr bestimmt seine Unabhängigkeit. Er steht schon Jahre in einer gesegneten Arbeit, bevor er Petrus kennenlernte. Petrus wird hier mit seinem aramäischen Namen »Kephas« genannt. Wohl will Paulus damit die Autorität des Petrus unterstreichen als Erster der Apostel, die er durchaus anerkennt. Er ist der »Fels« und das Haupt der Jerusalemer Gemeinde (vgl. Matth 16, 16ff.). Vielleicht deutet die aramäische Form des Namens auch die Aufgabenteilung an, wie sie in 2, 7–8 berichtet wird, wo Petrus ausdrücklich als mit dem »Apostelamt unter den Juden« beschrieben wird.

»Fünfzehn Tage« blieb Paulus bei diesem ersten Besuch in Jerusalem. Auch jetzt schweigt er darüber, daß er auch in Jerusalem den Nachstellungen seiner Gegner entfliehen mußte (vgl. Apg 9, 28–30). Wieder ist die Zeitangabe ein Erweis dafür, daß Paulus seine Selbständigkeit deutlich hervorheben will. »Fünfzehn Tage« sind zu kurz, um ihn zu einem Petrusschüler zu machen. Er lernt ihn kennen, wird aber nicht abhängig. Warum er von den *»übrigen Aposteln keinen gesehen hat«* bleibt unklar. Nur die Tatsache als solche ist wichtig. *»Jakobus, des Herrn Bruder«* lernte er bei diesem Besuch auch kennen. Dieser ist zwar kein Apostel; er ist aber eine »Säule« der Jerusalemer Gemeinde (vgl. Apg 12, 17 u. Gal 2, 9). Der Bruder Jesu kam wohl erst nach der Auferstehung zu der Gemeinde. Vorher wird er nicht erwähnt oder doch nur so, daß er wahrscheinlich die Meinung der Familie Jesu geteilt hat, dieser »wäre von Sinnen« (Mark 3, 21; vgl. Joh 7, 5). Paulus weiß von einer Erscheinung des Auferstandenen vor seinem Bruder Jakobus (1. Kor 15, 7). Zum Leiter der Gemeinde in Jerusalem wurde er erst nach der Verhaftung des Petrus durch Herodes Agrippa I. und nach dessen Flucht aus Jerusalem (vgl. Apg 12, 17).

Das sind die Tatsachen dieser ersten Begegnung in Jerusalem. Offenbar aber sind viele Verdrehungen und Entstellungen über diese Beziehungen des Apostels zur Jerusalemer Gemeinde in Umlauf gesetzt worden. Deshalb bekräftigt Paulus seine Angaben mit einer feierlichen Eidesformel: *»Siehe, Gott weiß«.* Das 3. Gebot verbietet den leichtfertigen Schwur und Meineid. Auch Jesus selbst untersagt seinen Jüngern das Schwören (vgl. Matth 5, 54). Unter den Nachfolgern ist solches nicht nötig, denn sie sollen im Vertrauen und in Liebe miteinander umgehen. Paulus wehrt sich mit diesem Schwur gegen die »falschen Brüder« und setzt ausdrücklich hinzu *»ich lüge nicht«.*

1, 21–24: »Danach kam ich in die Länder Syrien und Cilicien. Ich war aber unbekannt von Angesicht den christlichen Gemeinden in Judäa. Sie hatten nur gehört: der uns vormals verfolgte, der predigt jetzt den Glauben, welchen er vormals zu vernichten suchte, und sie priesen Gott über mir.«

Nach diesem Besuch in Jerusalem nahm Paulus seine Missionstätigkeit wieder auf. Er kam *»in die Länder Syrien und Cilicien«.* Gemeint sind die beiden Landschaften nördlich von Palästina: Syrien mit dem Mittelpunkt Antiochien und Cilicien mit der Stadt Tarsus weiter nördlich in der heutigen Türkei. In diesen Gebieten verkündigt der Apostel, gehorsam seinem Auftrag, das Evangelium. Er baut die Gemeinden auf. Es ist die Zeit der sogenannten ersten Missionsreise (vgl. Apg 13+14). In diese Zeit fällt auch die Gründung der Gemeinden in Galatien. Völlig unabhängig von der Jerusalemer Gemeinde und den dortigen Aposteln und Brüdern arbeitet Paulus. Noch ist es ein Nebeneinander, das Miteinander ist noch nicht geklärt. Paulus ist den *»Gemeinden in Judäa«*, der Landschaft um Jerusalem, persönlich nicht bekannt. Die dortigen Gemeinden aber *»hatten von ihm gehört«:* Der Verfolger ist zum Verkündiger geworden. *»Er predigt jetzt den Glauben, welchen er vormals zu vernichten suchte.«* Das ist das Wunder des Eingreifens Gottes. Die Botschaft vom Heilsweg Gottes durch seinen Sohn Jesus Christus, »diesen Glauben« suchte der Pharisäer Paulus auszurotten. Jetzt ist er selbst, mit seinem Leben, und seiner Arbeit und mit seiner Verkündigung »Evangelist« dieses Herrn. Das führt zum Lob. *»Sie priesen Gott über mir.«* Die Gemeinden priesen nicht Paulus, sondern sie geben Gott die Ehre. Er hat das bewirkt und getan. Damit wird aber auch deutlich, daß sie Paulus nicht ablehnten oder beargwöhnten. Sie nehmen ihn als Werkzeug Gottes an.

Das ist ein Zeugnis über das Leben eines Menschen, wenn durch ihn andere zur Anbetung Gottes geführt werden. Die Überheblichkeit und der Selbstruhm des frommen Eiferers sind vergangen. Nun gilt das Lob nicht mehr ihm, sondern dem, der ihn umgedreht, berufen und gebraucht hat. Paulus ist wahrer Diener seines Herrn, der für sich nie selbst Ehre suchte, an dem aber die Ehre und Herrlichkeit des Vaters sichtbar war (vgl. Matth 9, 7; 15, 31).

VORSCHLAG ZUR BIBELARBEIT ÜBER GAL 1, 18–24

1. Einleitung:

a) Wir lesen Apostelgeschichte 13 und 14 unter der Frage: Wie benützt Gott hier Paulus?

b) Wir zeichnen uns die 1. Missionsreise auf einer Karte nach.

c) Wir sammeln im Gespräch Gedanken zu der Frage: Wie nehmen wir »bekehrte Sünder« in unsere Gemeinschaft auf?

d) Mögliche Überschrift: »Geheiligte Unabhängigkeit in der Gemeinschaft.«

2. Durchführung:

a) Zum Einstieg: Vom Hühnerhof kennen wir die »Hackordnung«. Das schwächere Huhn muß sich unterwerfen. Regiert nicht auch eine solche Hackordnung in unserer menschlichen Gesellschaft? Nicht so in der Gemeinde Jesu. Da steht und fällt jeder für sich seinem Herrn und ist nur ihm zugeordnet.

b) Unabhängig – und zum Bruder gewiesen

Paulus verkündigt das Evangelium. Er ist Sklave Jesu geworden. Doch er sucht die Gemeinschaft der Brüder. Er kommt nach Jerusalem. Erst nach drei Jahren aber. Das zeigt seine radikale Wende. Dort lernt er Petrus und Jakobus kennen. Er gehört hinein in die Gemeinde. Doch er sucht nicht Bestätigung durch die Autorität der anderen. Er bleibt eigenständig. Wird nicht zum »Petrus-Verehrer«. Auch dem Herrenbruder Jakobus gegenüber hält er an seiner Originalität fest. Wir stützen uns so oft auf Menschen ab. Besonders Bevollmächtigte etwa. Wir gehören zueinander, aber unsere Verantwortung besteht gegenüber Jesus. Einander festhalten und loslassen.

c) Unabhängig – so zum Segen gesetzt

– Historischer Einschub: Paulus will Tatsachen reden lassen. Er nimmt sie auf seinen Eid. So wichtig ist ihm das. Er tritt der Verleumdung entschlossen entgegen. – Er betritt Neuland. Judäa ist Arbeitsgebiet anderer. Im Neuland gebraucht ihn der Herr in großem Segen. Weil er nur ihm gehorsam ist, kann Gott viel durch ihn wirken. Die 1. Missionsreise bringt reiche Frucht. Wir wagen uns nur so zögernd in Neuland, leben lieber in Judäa, wo alle sind. So wird der Segen gehemmt. Sind wir bereit zu gehen? Wo will Gott uns zum Segen setzen? Bleiben wir nicht sitzen, sondern gehen wir. Jesus sagt: Gehet hin ...

d) Unabhängig – doch zur Ehre Gottes geworden.

Die Gemeinden in Judäa hören von Paulus. Noch kennen sie ihn nicht persönlich. Aber sie sind mit ihm verbunden, denn sie loben Gott über ihm. Sie erschauern nicht vor Paulus, sie geben Gott die Ehre. Die Gefahr des christlichen Starkultes. Das ist Bestätigung des Paulus: Er ist Anlaß zum Lob Gottes. Früher war er Feind der Gemeinde, nun ist er Apostel. Gott hat an ihm seine Macht erzeigt. Wo Gott gelobt wird, kann es kein Mißtrauen mehr geben. Das ist das Ziel unseres Dienstes: An uns soll Gott gelobt und verherrlicht werden.

Schluß: Was sagt man über uns als Nachfolger Jesu? Lobt man Gott für mich?

2.2. DIE BESTÄTIGUNG DES PAULINISCHEN EVANGELIUMS BEIM APOSTELKONZIL, 2, 1–10

Paulus führt die Linie weiter: Aus dem Nebeneinander mit den anderen Aposteln ist es auch zum Miteinander gekommen, zur ausdrücklichen gegenseitigen Anerkennung. Es ist bezeichnend, daß solch ein grundsätzliches Gespräch erst dann notwendig wurde, als das Evangelium durch »falsche Brüder« bedroht wird. Jetzt müssen die Boten zusammenstehen. Die Einheit der Gemeinde ist vom Herrn gegeben. Wo sie bedroht wird, da gilt es alle Anstrengung zu machen, damit sie erhalten bleibt. Vor diesem Einbruch der Verführer bestand keine Notwendigkeit zur Betonung der Übereinstimmung. Jetzt aber wird das wichtig. Irrlehre will immer spalten und auseinander bringen, das ist ihre eigentliche Gefahr. Wo die Einheit der Gemeinde verloren geht, da steht alles auf dem Spiel, da geht das Evangelium selbst verloren. In die galatischen Wirren hinein bezeugt Paulus die festgehaltene Einheit in den damaligen Bedrohungen, die von der gleichen Seite kamen, wie die Verführung in Galatien. Darum kann Paulus, jetzt in Übereinstimmung mit der ganzen Gemeinde, diesen erneuten Spaltungsversuch zurückweisen. Seine Autorität ist bestätigt durch die anderen Apostel.

2, 1: »Danach über vierzehn Jahre zog ich abermals hinauf nach Jerusalem mit Barnabas und nahm auch Titus mit mir.«

Es sind wohl *»vierzehn Jahre«* seit seinem ersten Besuch in Jerusalem gemeint. Das ist eine lange Zeit. Dieser lange Zeitraum seiner eigenständigen Arbeit unterstreicht noch einmal seine Selbständigkeit und Unabhängigkeit von der Gemeinde in Jerusalem und ihren Leitern. Allerdings ist er kein Einzelgänger, mit Barnabas und Titus sind zwei wichtige Mitarbeiter genannt. *»Barnabas«* ist der Levite Joseph aus Zypern, der wohl bald nach Pfingsten zum Glauben kam und zur Jerusalemer Gemeinde gehörte, wobei er von den Aposteln als äußeres Merkmal seiner Umkehr den Zunamen Barnabas (Sohn des Trostes) bekam (Apg 4, 36). Als Paulus zum ersten Mal nach Jerusalem kam, kümmerte sich eben Barnabas um ihn und führte ihn in die Gemeinde ein (Apg 9, 27). Als in Antiochien eine christliche Gemeinde durch die Mission der aus Jerusalem vertriebenen Christen entstand, wurde Barnabas von der Jerusalemer Gemeinde dorthin gesandt. Er sollte nach dem Rechten sehen, denn er galt in der Gemeinde als »ein bewährter Mann, voll heiligen Geistes und Glaubens« (Apg 11, 24). Er anerkennt und befestigt die neue Gemeinde in Antiochien und arbeitet von Antiochien aus mit Paulus als Missionar (Apg 9, 25 + 26). Dieser bewährte Mann, der auch das Vertrauen der Jerusalemer Gemeinde hatte, legt für Paulus und sein Evangelium gewichtiges Zeugnis ab.

Paulus steht in seinem Dienst nicht allein. Er ist von vielen Mitarbeitern umgeben, also kein Einzelkämpfer. Neben Barnabas nennt er als Begleiter auf dieser zweiten Reise noch *»Titus«*. Dieser war ein Grieche (V. 3). Paulus nennt ihn einmal seinen »rechtschaffenen Sohn« (Tit 1, 4), bescheinigt ihm großen Eifer (2. Kor 8, 16) und heißt ihn seinen »Bruder« (2. Kor 2, 13). Er übernimmt wichtige Aufträge des Paulus und ordnet zum Beispiel die verwirrten Zustände in Korinth (vgl. 2. Kor 7, 6, 13 + 14). Er war ihm ein besonderer, brauchbarer Helfer. Mit diesen zwei herausragenden Mitarbeitern, dem Judenchristen Barnabas und dem Heidenchristen Titus reist Paulus nach Jerusalem.

2, 2: »Ich zog aber hin auf Grund einer Offenbarung und besprach mich mit ihnen über das Evangelium, das ich predige unter den Heiden, besonders aber mit denen, die das Ansehen hatten, auf daß ich nicht etwa vergeblich liefe oder gelaufen wäre.«

Diese Reise unternimmt der Apostel auf Anweisung seines Herrn *»auf Grund einer Offenbarung«*. Paulus stellt ausdrücklich die Leitung durch den Herrn heraus. Dieser hat zu ihm gesprochen. Auf welche Weise diese Offenbarung geschah, wird nicht gesagt. Sehr deutlich aber wird die Jesusabhängigkeit des Apostels, die Zeit seiner eigenen Entschlüsse ist vorbei. Auch in dieser Bedrohung der Gemeinde durch die spaltenden Irrlehrer folgt er nicht seinen eigenen Gefühlen und Plänen, sondern läßt sich von Jesus führen. Er *»besprach sich mit ihnen über das Evangelium, das er unter den Heiden predigt«*, »besprechen« hat hier sogar den Sinn von »zur Begutachtung vorlegen«. Soweit geht Paulus in dieser für die Kirche so gefahrvollen Situation. In großer Demut sucht er das Gespräch und ist dabei bereit, seine Verkündigung der Prüfung durch die anderen – hier noch unbestimmt – zu unterwerfen. Freilich tut er solches gewiß nicht aus Unsicherheit. Es schwingt etwas von dem mit, wie Luther auf dem Reichstag zu Worms seine Verkündigung und Lehre zur Begutachtung vorlegte: In seinem »Hier stehe ich, ich kann nicht anders«, spricht die Gewißheit des Glaubens. Er wollte sich in seiner Lehre nur beugen, wenn er aus der Heiligen Schrift widerlegt werden könnte.

Um den gefährlichen Irrlehrern den Wind aus den Segeln zu nehmen, sucht Paulus die Übereinstimmung *»besonders mit denen, die das Ansehen hatten«*. Darauf werden sich wohl die Verwirrer listig gestützt haben, daß sie gegen Paulus und sein Evangelium andere Autoritäten ins Feld führten, etwa Petrus, Jakobus oder Johannes, die deshalb in V. 9 mit Namen genannt sind. Solches gegenseitige Ausspielen der maßgeblichen Brüder ist tatsächlich die Ursache so vieler Verwirrung in der Kirche und führt zu Spaltungen (vgl. 1. Kor 1, 10–17). Zwar gilt in der Gemeinde Jesu kein »Ansehen der Person« (vgl. Röm 2, 11; Eph 6, 9; Kol 3, 25), aber Paulus begegnet den Irrlehrern mit ihren Waffen. Allerdings achtet Paulus auch die Jerusalemer Führer besonders. Er kommt nach Jerusalem, nicht sie zu ihm, und er sucht ihr Urteil, wenn auch in völliger Freiheit. Er geht diesen demütigen Schritt um der Schwachen willen, die noch auf Personen achten, um ihnen alle Anstöße für den Glauben aus dem Weg zu räumen.

Dabei geht es ihm um das Evangelium und seine Wirkung in den Gemeinden. Auch das, *»auf daß ich nicht etwa vergeblich liefe oder gelaufen wäre«*, kann nicht so verstanden werden, als ob der Apostel nun völlig verunsichert wäre und menschliche Bestätigung bräuchte. Aber die Verkündigung ginge »ins Leere« und wäre »vergeblich« gewesen, wenn sie kein Gehör fände, wenn keine Auferbauung der Gemeinde dadurch erfolgte, wenn Spaltung und Unsicherheit regierten. Dann müßte sich Paulus doch die Frage stellen, ob seiner Verkündigung die Kraft fehlt? Ob sie darum ins Leere stößt? Es wird deutlich, wie tief den Apostel die Wirren umtreiben und bedrücken. Mit diesem starken Bild vom »Laufen ins Leere« gibt er seiner Sorge beredten Ausdruck. Das Ziel des Evangeliums ist die Sammlung, Auferbauung und Befestigung der Gemeinde.

2, 3: »Aber es ward selbst Titus, der mit mir war, nicht gezwungen, sich beschneiden zu lassen, obwohl er ein Grieche war.«

Die Befürchtung des Paulus, daß die Einigkeit im Glauben vielleicht nicht mehr bestehen würde, erweist sich als unbegründet. Der Grieche Titus ist eine Art Testfall für das gegenseitige Annehmen. Er ist als Heidenchrist nicht beschnitten und niemand zwingt ihn dazu, *»sich beschneiden zu lassen«*. Die Gemeinde in Jerusalem nimmt auch ihn als

Bruder auf. Damit aber ist auch klar, daß die Verkündigung des Apostels, »allein aus Gnade, ohne des Gesetzes Werke« von den anderen Brüdern mitgetragen wird. Das heißt aber auch, wenn *»selbst Titus, der mit Paulus war, nicht gezwungen wurde«,* obwohl er nun auf jüdischem Boden, in Jerusalem war, dann kann auch für die heidenchristliche Gemeinde keine Nötigung zur Beschneidung bestehen. Der neue Bund in Jesus Christus ist nicht mehr durch »Zwänge« gestützt, sondern kenntlich an der Freiheit vom Gesetz und an der gegenseitigen annehmenden Liebe.

2, 4 + 5: »Denn da etliche falsche Brüder sich mit eingedrängt hatten und neben eingeschlichen waren, auszukundschaften unsere Freiheit, die wir haben in Christus Jesu, damit sie uns knechteten, wichen wir denselben auch nicht eine Stunde und waren ihnen nicht untertan, damit die Wahrheit des Evangeliums bei euch bestehen bliebe.«

In knappen, grammatikalisch abgebrochenen Sätzen kommt Paulus jetzt auf den Kampf zu sprechen, den er dort in Jerusalem geführt hat. Man merkt dem Satzstil die innere Erregung an, die Paulus durchzittert, wenn er an diese harte Zeit denkt, zumal sich das ja jetzt unter den Galatern wiederholt. Es sind *»falsche Brüder«,* sie beanspruchen den Brudernamen, sind es aber nicht. Zum »Bruder« kann man sich nicht selber machen. Das ist schon im natürlichen Leben so. »Bruder« wird man durch die Geburt, wenn man die gleichen Eltern hat. Zweierlei fehlt also bei diesen *»falschen Brüdern«:* Sie sind nicht geistlich neugeboren – wir übertragen aus dem natürlichen Leben – und sie haben nicht Gott zum Vater. So hart meint Paulus das. Sie *»haben sich mit eingedrängt«,* sie sind daneben, heimlich eingeschlichen, sie sind nicht durch die einzige Tür, die in die Bruderschaft der Kinder Gottes führt zu Brüdern geworden, nämlich durch die Neuschöpfung durch Jesus Christus. Sie selber hatten sich eingedrängt, fast müßte man übersetzen *»eingeschmuggelt, um unsere Freiheit auszukundschaften«.*

»Sie schauen von oben herab«, denn sie leben im Hochmut der Gesetzesfrömmigkeit und wollen die Gemeindeglieder *»knechten«*, versklaven und so Herren in der Gemeinde werden. Mit ihnen ist kein vertrauender Umgang möglich, denn sie spionieren und belauern jeden Schritt.

Paulus benützt eine deutliche und scharfe Sprache. Diese sich selber einschmuggelnden Spione wollen die christliche Freiheit umstürzen und in die Sklaverei der Gesetzlichkeit zurückführen. Er wird den Inhalt der Freiheit in Jesus Christus noch deutlich ausführen (vgl. Gal 4, 1 ff. V. 8 ff.; 5, 1 ff.). Soviel ist aber jetzt schon klar: Gemeint ist die ganz konkrete Freiheit vom Gebot der Beschneidung. Dieses Gebot steht aber stellvertretend für das ganze Gesetz. Das Gesetz ist nicht mehr Mittel zum Heil, und die Gesetzeswerke und Leistungen vermögen den Menschen nicht zu retten. Der christliche Glaube ist nicht einfach Überhöhung der jüdischen Gesetzesfrömmigkeit; vielmehr geschah zwischen dem alten und dem neuen Bund eine umwälzende Änderung. Statt Gesetz – Jesus Christus, statt Opfer – die Vergebung durch sein Sterben und statt Leistung – die geschenkte Gerechtigkeit. Alles steht somit bei diesem Kampf auf dem Spiel, was Inhalt und Mitte des Evangeliums ist. Da ist kein Kompromiß möglich und deshalb redet Paulus in schneidender Schärfe.

»Nicht einmal eine Stunde wich« der Apostel deshalb diesen Verderbern des Evangeliums. Da gab es keinen Rückzug, auch kein taktisches, sich aus der Schußlinie Heraushalten, sondern nur fester und angreifender Gehorsam unter dem Evangelium. Die Irrlehrer verlangten *»untertan-sein«*, sie forderten Gehorsam gegenüber dem Gesetz und Unterwerfung unter ihren Anspruch, den »wahren« Weg zum Heil zu zeigen. Um den Gehorsam geht es bei der Auseinandersetzung mit der Irrlehre, nicht um das Ansehen des Paulus oder um irgendwelche Macht- und Einflußpositionen. Wem bin ich gehorsam? Wer soll Herr sein über mein Leben? Die Irrlehre fordert Gehorsam und enthüllt sich damit als Herrschaftsanspruch eines fremden Herrn. Der

Glaube an Jesus Christus lebt und vertraut im Gehorsam und Unterordnung diesem guten Herrn. Mit der Irrlehre ist die Gehorsamsfrage gestellt.

»Die Wahrheit des Evangeliums« wird hier angegriffen, sie soll fallen und nicht *»bestehen bleiben«*. Die *»Wahrheit des Evangeliums«*, das ist kein abstrakter Begriff, etwa eine Theorie oder Lehre. Der glaubende Vollzug, die das tägliche Leben gestaltende Wirkung der frohen Botschaft, das ist gemeint. Letztlich geht es nicht nur um eine Lehrauseinandersetzung, sondern auch um eine Lebensumgestaltung, die durch solche Gesetzlichkeit vollzogen wird. Die Gemeinden in Galatien lebten bis jetzt in der Unabhängigkeit der von Jesus Gehaltenen. Das durchzog ihr Denken und Handeln und prägte sie in Beruf, Familie und Gesellschaft. Nicht mehr und nicht weniger wollten die falschen Brüder, als eben dieses Denken und Handeln umwandeln. Für das tägliche Handeln sollten wieder die einzelnen Bestimmungen des Gesetzes beachtet werden und damit die vertrauende Liebe als Antrieb durch das ängstliche, strebende Schauen auf Vorschriften ersetzt werden. Damit wäre aber das Evangelium verlassen und seiner Wirkungskraft beraubt.

Wir nehmen die Auseinandersetzung mit der Irrlehre oft zu sehr als theoretisches Problem. Dabei reicht solche Verführung bis an die Wurzel des Glaubens und knechtet das ganze Leben des Christen und der Gemeinde. Wir sollten von der Härte des Paulus lernen und alle Kompromisse verweigern. Es gibt nur *einen* Gehorsam und den sind wir unserem Herrn schuldig.

2, 6: »Von denen aber, die das Ansehen hatten – wer immer sie einst gewesen sind, daran liegt mir nichts; denn Gott achtet das Ansehen der Menschen nicht –, mir haben die, welche das Ansehen hatten, nichts weiter auferlegt.«

Wieder klingt, schon im Satzbau, die innere Erregung des Apostels durch. Diese abgebrochenen Sätze (sog. Anakoluthe) verraten etwas von der Schwere der Kämpfe. Die bedeutenden Brüder in Jerusalem – wörtlich: *»die dafür galten, etwas zu sein«* – sie unterstützen den Apostel in seinem Ringen und haben *»ihm nichts weiter auferlegt«*. Sie anerkennen seine Verkündigung, denn das ist auch ihr Evangelium, *»sie legen nicht dazu noch etwas auf«*, es bedarf keiner Zusätze; Paulus hat auch das ganze Evangelium, wie die Jerusalemer Apostel und Brüder. Das ist wichtig in diesem Streit. Nun kann nicht mehr einer gegen den andern ausgespielt werden. Die christliche Gemeinschaft ist auf der Grundlage des Evangeliums befestigt. Heiden- und Judenchristen gehören in der Freiheit des Gehorsams gegen den einen Herrn zusammen.

Paulus redet zwar von *»denen, die das Ansehen hatten«*, aber es ist ihm gleichsam nur ein aufgezwungenes Hilfsargument. Auch für die Jerusalemer Autoritäten gilt: *»Gott achtet das Ansehen der Menschen nicht«*. Aber wenn die Verleumder mit diesen Argumenten angeblich größeren Ansehens und größerer Autorität die Gemeinden verwirren, dann geht Paulus darauf ein. *»Wer immer sie einst gewesen sind«*, sagt Paulus über die Jerusalemer Autoritäten, *»daran liegt mir nichts.«* Wieder kommt das auf seine persönliche Berufung gegründete Selbstbewußtsein des Apostels zum Ausdruck. Was gelten schon diese Begründungen der Autorität, wahrscheinlich von den Gegnern zur Heraushebung der Jerusalemer Gemeindeleiter gebraucht, etwa so: Jakobus ist sogar der leibliche Bruder des Herrn. Wenn einer, dann hat doch er Autorität! Petrus hat drei Jahre mit Jesus gelebt, Tag um Tag. Er ist von ihm mit einer besonderen Verheißung und Aufgabe betraut worden. Johannes war der Lieblingsjünger Jesu. Was will da schon dieser Paulus? All das gilt vor Gott nicht, das führt nur zur falschen Menschenverehrung. Es sind nicht Petrus, Johannes und Jakobus, die ihre Vollmacht so begründen; die falschen Brüder tun das. Gott sieht nicht die Vergangenheit und die Qualität eines Menschen an, sondern fragt nach seinem Gehorsam auf seinen Ruf und seiner Bereitschaft zum Dienst. Diese Autorität haben der Verleugner Petrus und auch der früher seinen Bruder für verrückt haltende Jakobus – sie haben sich senden lassen und sind dem Christus gehorsam.

2, 7–9: »Im Gegenteil, da sie sahen, daß mir anvertraut war das Evangelium an die Heiden gleichwie dem Petrus das Evangelium an die Juden – denn der in Petrus kräftig gewesen ist zum Apostelamt unter den Juden, der ist auch in mir kräftig gewesen unter den Heiden –, und da sie erkannten die Gnade, die mir gegeben war, Jakobus und Kephas und Johannes, die für Säulen angesehen werden, gaben sie mir und Barnabas die rechte Hand und wurden mit uns eins, daß wir unter den Heiden, sie aber unter den Juden predigten.«

Mit einem *»Handschlag der rechten Hand«* wird die bestehende Gemeinschaft zum Ausdruck gebracht. Dabei geschieht mehr als ein unverbindlicher Gruß. Der Handschlag bedeutet sogar einen rechtlichen Vorgang. Im Alten Testament ist dieser Handschlag ein Zeichen der Unterwerfung (vgl. 2. Chron 30, 8). Hier ist der Handschlag Ausdruck der einigenden Gemeinschaft. *»Sie wurden mit uns eins«* meint eben diese brüderliche Übereinkunft auf der Grundlage der Teilhabe am Evangelium.

Die Apostel in Jerusalem *»sahen, daß mir anvertraut war das Evangelium an die Heiden«*, stellt Paulus fest. Dieses »Sehen« steht wohl im übertragenen Sinn. Sie erkennen die Vollmacht des Paulus aus seinen Berichten über die bisherige Missionstätigkeit und ihrer gesegneten Wirkung, von Barnabas und Titus sicher bestätigt. *»Das Evangelium an die Heiden, gleichwie dem Petrus das Evangelium an die Juden«*, gibt es nun doch zwei Arten des Evangeliums? Verkündigt Petrus etwa das Gesetz und Jesus und Paulus die Freiheit vom Gesetz? Nein, das gerade nicht. Es ist das eine Evangelium von der rettenden Gnade Jesu Christi und nichts anderes, ohne alle Zusätze. Beim Apostelkonzil in Jerusalem wird nicht ein »Gentlemen's-Agreement« ausgehandelt: Man will zwar zusammen bleiben, aber jeder soll nach seiner »Fasson« leben. Die Gemeinschaft ist Gemeinschaft auf dem Grund des von allen bezeugten einen Evangeliums, aber die Richtungen der Verkündigung der Apostel werden unterschieden. Paulus ist, schon vom Wort des Christus bei seiner Berufung her (vgl. Apg 9, 15) in besonderer Weise zu *»den Heiden«*, den Völkern beauftragt und Petrus steht an seinem Platz in Jerusalem, in der palästinischen Gemeinde.

Es ist aber auch keine Ausschließlichkeit gesetzt. Auch Paulus verkündigt das Evangelium an Juden (vgl. Apg 9, 20, 29; 13, 14 u. öfter), aber seine Hauptrichtung sind die Heiden. Und auch Petrus brachte das Evangelium zu Heiden (vgl. Apg 10), wenn auch erst nach besonderer Anweisung seines Herrn. Beiden ist das Evangelium *»anvertraut«*, damit erkennen auch die Jerusalemer Apostel die Beauftragung des Paulus zum Apostel an. Die Vergangenheitsform bezeichnet im Griechischen die Dauer, Paulus ist vom Herrn mit der Verkündigung des Evangeliums betraut worden.

In einem eingeschobenen Satz (V. 8) wird das noch einmal bestätigt: Christus ist sowohl in Petrus, wie auch in Paulus *»kräftig gewesen zum Apostelamt«*, und zwar eben bei Petrus zum Dienst *»unter den Juden«* und bei Paulus *»unter den Heiden«*. Beide haben sie sich dieses Amt nicht selbst angemaßt. Wie käme auch der Versager Petrus oder gar der Verfolger Paulus dazu? Der Herr selbst hat sie berufen: Er war und ist wirksam in ihnen. Das griechische energeo, von dem unser deutsches Wort »Energie« herkommt, meint das Wirken und Antreiben Gottes durch einen Menschen. Gott wirkt für Petrus und Paulus, indem er ihrem, in Wort und Kraft verkündeten Evangelium Wirksamkeit verleiht. So wie es in Mark 16, 20 ausdrücklich bezeugt wird: ». . . und der Herr wirkte mit ihnen und bekräftigte das Wort durch mitfolgende Zeichen«. Aus eigener Kraft kann der Zeuge Jesu gar nichts. Die Kraft Gottes, sein heiliger Geist allein beruft ihn zum Dienst und läßt die Verkündigung Frucht wirken. Nur Gott kann bekehren, Gemeinde bauen und erhalten, nie und nimmer aber wir.

Die Apostel *»erkannten die Gnade«*, die Paulus gegeben war. Die Gnade ist die »Dienstgnade«, die Paulus mit dem Apostelamt empfangen hat. Fast könnte man so sagen, es ist die einzigartige, unwiederholbare Gnadengabe des Apostelamtes, auf das die Kirche aufgebaut wird. Diese Gnade ist somit historisch die besondere Gnadengabe, die nur den Aposteln zuteil wurde. Die Apostel erkennen Paulus somit als einen der ihren an. Sein Apostelamt wird von ihnen angenommen.

»Jakobus, Kephas und Johannes« nennt Paulus jetzt ausdrücklich mit Namen. Sie gelten *»als Säulen«*. Damit ist ihre Standfestigkeit und Tragkraft hervorgehoben. Das Bild, das Paulus hier aufnimmt, sieht die christliche Gemeinde als Haus oder Tempel (vgl. 1. Kor 3, 9ff., 16; Eph 2, 19–22), in dem die Apostel tragende Bedeutung haben. Im rabbinischen Judentum ist »Säule« Ehrentitel für die Frommen, besonders aber für Abraham.

Unter der Leitung des heiligen Geistes wird bei diesem Apostelgespräch die geistliche Einigkeit festgehalten und bestätigt. Paulus wird als Bruder im Amt des Apostels erwiesen und es bedeutet keine Einschränkung, wenn er schreibt:

2, 10: »... nur daß wir der Armen gedachten, welches ich auch fleißig gewesen bin zu tun.«

Mit den *»Armen«* sind sicher die Gemeindeglieder in Jerusalem gemeint. Obwohl »Arme« im Alten Testament als messianischer Ehrentitel der endzeitlichen Heilsgemeinde gebraucht ist, wird hier doch an die äußere Bedürftigkeit und Notlage der oft verfolgten Jerusalemer Gemeinde gedacht sein. Sie litten Not, weil sie als Anhänger des verfluchten, gekreuzigten Jesus von Nazareth aus der jüdischen Volksgemeinschaft ausgeschlossen und damit auch in den Lebens- und Verdienstmöglichkeiten aufs Äußerste beschränkt waren. Es ist kein kirchenrechtlicher Anspruch, wohl aber ein Gebot der Bruderliebe. Nur andeutungsweise steht hinter dieser Bitte wohl der Gedanke, daß Jerusalem als Muttergemeinde besondere Aufmerksamkeit und Fürsorge zukommt. Paulus setzt viel Eifer und *»Fleiß«* ein, das zu tun, wovon besonders die Korintherbriefe zeugen (vgl. 1. Kor 16, 1–3; 2. Kor 8+9), obwohl sich daraus weder eine hierarchische Gliederung, noch eine Art »Ökumene« im heutigen Sinn ablesen lassen.

NACHBEMERKUNG: GAL 2, 6 UND APG 15, 20–21

Wie verhält sich die Aussage des Paulus hier (V. 6): *». . . sie haben mir nichts weiter auferlegt«* zu dem sogenannten Aposteldekret in Apg 15, 20–21, von dem Lukas berichtet? Dort heißt es auch (V. 28): »Denn beschlossen haben der heilige Geist und wir, euch keine Last weiter aufzulegen«. Dann aber heißt es weiter: »nur diese nötigen Stücke: daß ihr euch enthaltet vom Götzenopfer und vom Blut und vom Erstickten und von Unzucht« (V. 28 ff.).

Diese vier »Enthaltungen« sind eigentlich Selbstverständlichkeit für einen Christen damals. Noch mehr, sie sind nichts anderes als Konkretionen des Doppelgebotes der Liebe als der Erfüllung des Gesetzes. Paulus nennt sie hier im Galaterbrief nicht, weil diese vier Bestimmungen nicht etwas zum Evangelium Hinzukommendes sind, sondern vielmehr Verdeutlichungen und Wirkungen des Evangeliums. Götzenopfer und geschlechtliche Ausschweifungen bestimmten den Götzenkult damaliger Zeit. Ein Christ kann hier nicht mitmachen, denn sonst diente er einem anderen Herrn und die Gottesliebe erstürbe. Das ist ja die Zusammenfassung des ganzen Gesetzes: »Du sollst lieben Gott, deinen Herrn von ganzem Herzen, von ganzer Seele und von ganzem Gemüte« (Matth 22, 37). Es ist also nicht ein Zusatz zum Evangelium gemeint, sondern die Mah-

nung zu ungeteilter Nachfolge. Diese damaligen Verdeutlichungen sind nicht einfach abgetan. Zwar bringen Menschen heute in dem Sinn keine Opfer mehr, doch wieviel »Opfer« an Zeit, Kraft und Gesundheit werden den modernen »Götzen« Besitz, Leistung und Macht heute gebracht? Und die geschlechtliche Unzucht, die heute so erschreckend selbstverständlich geworden ist, macht viele Menschen taub für Gott.
Auch die beiden anderen Bestimmungen der Enthaltung von Ersticktem und Blut sind eine solche Verdeutlichung des Glaubens. Sie mahnen zu ungeteilter Bruderliebe, wie Jesus auch fortfährt: »Du sollst deinen Nächsten lieben, wie dich selbst« (Matth 22, 39). Die Gemeinschaft der Juden- und Heidenchristen besteht auf der Grundlage des Evangeliums und wird praktiziert in gegenseitiger Rücksichtnahme. Es ist fester Bestandteil jüdischen Lebens, daß diese beiden Speisegebote eingehalten wurden. Davon ist das ganze Leben bestimmt. Der Hintergrund dieser beiden Bestimmungen ist das 5. Gebot, das Wissen, alles Leben gehört Gott. Darum ist das Blut als »Sitz des Lebens« zum Genuß verboten. Aas, das Erstickte, mahnt an die Sünde, deren Lohn eben der Tod ist. Wo Juden- und Heidenchristen in einer Kirche beieinander leben, ist es eine Praxis der brüderlichen Liebe, den andern in seiner gewachsenen Eigenart anzuerkennen, und sei es unter der fürsorgenden Liebe für »die Schwachen« (vgl. 1. Kor 10, 23 ff.; Röm 14).
Auch hier ist die Konkretion heute so nicht mehr gegeben. Wie aber verhalten wir uns denn bei einem Treffen mit Judenchristen heute etwa bei einer Israelreise? Oder: Wer schon mit Christen zusammen gelebt hat, die vorher Mohammedaner waren, der weiß, daß für sie der Genuß von Alkohol eine starke Verunsicherung darstellt. Die Christen in Papua-Neuguinea sehen jemanden, der raucht als ungläubig an. Die Bruderliebe lebt vom Verzicht und Tragen der Schwachen!
Es ist nicht recht, aus den Angaben des Paulus im Galaterbrief und dem Bericht des Lukas Widersprüche zu konstruieren. Die Berichte der biblischen Zeugen verdienen unser Vertrauen.

VORSCHLAG ZUR BIBELARBEIT ÜBER GAL 2, 1–10

1. Einleitung:

a) Wir lesen Apg 15, 1–29. Was erfahren wir hier an näheren Einzelheiten über dieses Gespräch?

b) Wir verfolgen den Lebensweg des Titus (Konkordanz).

c) Was wollten die »falschen Brüder«? Mit Hilfe des Kommentares deutlich herausstellen.

d) Mögliche Überschrift: »Gelebte Bruderschaft«.

2. Durchführung:

Eingangsbeispiel: Ein Spion wird entlarvt. Großes Erstaunen, denn niemand hat ihm das zugetraut. Er hat als geachteter Bürger gelebt und doch suchte er zu schaden. So lebten die »falschen Brüder« in den Gemeinden mit. Der Satan hat seine Agenten in die Gemeinde eingeschmuggelt. Doch: Sie entlarven sich selbst. Sie leben nicht in Bruderschaft, sondern wollen Macht haben.

a) Gelebte Bruderschaft – ordnet sich einander unter.
In der christlichen Gemeinde gibt es keine Herrschaft. Jesus sagt: Wer unter euch Herr sein will, der sei aller Diener. Die Demut des Paulus: Er geht nach Jerusalem zu den dortigen Autoritäten – um die Einheit festzuhalten. Er ordnet sich unter, um der Gemeinde willen. Zwar gilt vor Gott kein Ansehen der Person, aber Paulus anerkennt die Würde der Jerusalemer Apostel. Kennzeichen der Bruderschaft ist die Demut. Wir leben in der Solidarität als Sünder und sind alle Empfangende der Gnade. Die Not der Herrschsucht. Bruderschaft ist Dienst. Wo Gemeinde nicht wächst, da ist alles vergeblich. Paulus ist für sich gewiß, seine ganze Sorge gilt der Gemeinde.

b) Gelebte Bruderschaft – nimmt einander an
Die falschen Brüder: Eingeschmuggelt. Sie sind nicht wiedergeboren und haben nicht den gleichen Vater. Zum Bruder kann man sich nicht machen, Jesus macht uns dazu. Sind wir wirklich Bruder oder geht es bei uns auch nach Sympathie? Brüder kann man sich nicht aussuchen. Bruderschaft ist Aufgabe: Einander gelten lassen. Die Apostel erkennen die Dienstgnade des Paulus. Keine Konkurrenz, sondern im Anvertrauten leben und wirken. Historisch ein gewaltiges Ereignis: Titus wird nicht zur Beschneidung gezwungen. Das baut die *eine* Kirche. Der Handschlag des Vertrauens. Die Gabe im andern erkennen und ihn arbeiten lassen.

c) Gelebte Bruderschaft – steht in gegenseitiger Fürsorge
Fürsorge in der geistlichen Unterstützung. Das eine Evangelium wird festgehalten. Fürsorge aber auch in den konkreten Nöten. Festhalten der Gemeinschaft geschieht auch in materieller Hilfe. Das war für Paulus nicht nebensächlich. Er verwendet viel Eifer auf diese unterstützende Sammlung. Brüderlich leben heißt teilen. Auch in unseren heutigen Kirchen. Wir sind materiell reiche Christen. Haben wir das Teilen gelernt?

Schluß: Bruderschaft will gelebt sein. Nicht nur im Mund führen, sondern tun.

3. DIE VOLLMACHT DES PAULUS GEGENÜBER PETRUS, 2, 11–21

Als dritten »Erweis« seiner apostolischen Autorität berichtet Paulus von einer Auseinandersetzung mit Petrus, wo es eben um diese Grundfrage des gelebten Evangeliums in der Bruderschaft ging. Es ist der einzige Bericht über diesen

Vorgang, und Paulus berichtet ihn nicht zum Selbstruhm. Er will die Unantastbarkeit des Evangeliums zeigen und seine Festigkeit im Kampf darum betonen. Bei diesem Zusammenstoß mit Petrus wird die Eigenständigkeit des Paulus und die Vollmacht seiner Verkündigung gegen Petrus auf eine harte Probe gestellt.

3.1. DIE HEUCHELEI DES PETRUS IN ANTIOCHIEN, 2, 11–14

2, 11–12: »Als aber Kephas nach Antiochien kam, widerstand ich ihm ins Angesicht, denn es war Grund zur Klage wider ihn. Denn zuvor, ehe etliche von Jakobus kamen, aß er mit den Heiden; als sie aber kamen, zog er sich zurück und sonderte sich ab, weil er die aus dem Judentum fürchtete.«

Über den Besuch des Petrus in Antiochien wissen wir nichts Genaueres, auch nicht über den Zeitpunkt. Vermutlich wird es kurz nach dem Jerusalemer Treffen gewesen sein und noch vor der Trennung des Paulus von Barnabas (Apg 15, 37 ff.), denn er wird noch erwähnt. Bei diesem Besuch *»war Grund zur Klage wider Petrus«*, eigentlich heißt es, Petrus war schuldig geworden, sein eigenes Verhalten verurteilte ihn. Paulus *»widerstand ihm ins Angesicht«*, er trat gegen ihn auf und zwar Auge in Auge in aller Öffentlichkeit. Auch hier also geht es um eine Auseinandersetzung, nun aber beispielhaft unter Brüdern. Da wird nicht ausspioniert, verdächtigt, mit herabsetzenden Andeutungen geredet und Lügen in Umlauf gesetzt, wie das die falschen Brüder tun. Diese Auseinandersetzung findet offen, direkt und ehrlich statt. Es mag für Paulus ein Wagnis gewesen sein, den geachteten Apostel in aller Öffentlichkeit auf seine Schuld hinzuweisen, aber unter Brüdern kann es kein Hintenherum und keine Heimlichkeit geben. Sonst fehlt dem Aufdecken der Sünde jegliche Vollmacht.

Wie hat sich Petrus nun schuldig gemacht? Zunächst zeigte er seine Freiheit vom Gesetz, indem er *»mit den Heidenchristen zusammen aß«*. Dabei ist nicht nur ein unverbindliches Nebeneinandersitzen beim Essen gemeint; die Tischgemeinschaft ist der Ausdruck voller brüderlicher Gemeinschaft und bis heute im Orient eine Geste der Zuneigung und des Vertrauens. In den frühen Gemeinden war ja auch das tägliche Herrenmahl, das Abendmahl, noch mit einer Sättigungsmahlzeit verbunden (vgl. 1. Kor 11, 20ff.), so daß hier engste Gemeinschaft entstand. Allerdings ist nicht ausdrücklich gesagt, es seien die gemeinsamen Abendmahlsfeiern gewesen, von denen sich Petrus zurückzog. Das tat er nämlich *»als etliche von Jakobus kamen«*. Es sind wohl Judenchristen aus Jerusalem gemeint, die besonders mit dem Herrenbruder Jakobus verbunden waren. Dieser lebte als Christuszeuge gegenüber der gesetzestreuen Judenschaft in Jerusalem selbstverständlich auch nach den jüdischen Speise- und Reinheitsvorschriften. Allerdings war er nicht daran gebunden oder erwartete gar von ihnen Heil und Rettung. Aber er blieb in besonderer Weise den Juden ein Jude, um sie zu gewinnen. Christliche Freiheit weiß durchaus um barmherziges Eingehen auf den anderen. Sie brüstet sich nicht und beschämt oder reizt so den anderen.

Auch Petrus hat ja die jüdischen Speisegebote und die Reinheitsvorschriften nicht einfach verworfen als Apostel. Er bleibt in diesen Dingen weithin seiner jüdischen Tradition und Erziehung verhaftet, nur, diese Gebote haben ihren Anspruch, Wege zum Leben und Heil zu sein für ihn verloren. Nun aber zog er sich von der Tischgemeinschaft mit den Heidenchristen zurück und *»sonderte sich ab, weil er die aus dem Judentum fürchtete«*. So aber wird die Bruderschaft gebrochen und das Evangelium verraten. Die Schuld des Petrus bestand nicht in seinem jüdischen, koscheren Lebensstil, auch nicht darin, daß er in Antiochien die Freiheit zeigte, mit den Heidenchristen ihre Speisen zu essen. Im Gegenteil, darin wird deutlich, daß eben diese Vorschriften und Gebote ihre verpflichtende Kraft verloren haben für einen Christen. Die Schuld des Petrus liegt darin, daß er sich aus Furcht absonderte und sein Verhalten änderte. Daraus kann geschlossen werden, daß diese Judenchristen, die da gekommen waren, durchaus noch am Gesetz, sogar als notwendigem Zusatz zum Evangelium festhielten. Sonst hätten sie Petrus sein Verhalten und seine Freiheit nicht übelgenommen; er hätte sich also nicht zu fürchten brauchen. Petrus verläßt die Eindeutigkeit der Freiheit im Evangelium, verwirrt die Heidenchristen von Antiochien und bestätigt indirekt die Gesetzlichkeit der Judenchristen, die da kamen. Er handelt aus Menschenfurcht. Paulus nennt sein Verhalten Schuld und Heuchelei. Hier geht es nicht um Nebensächlichkeiten oder sogenannte Mitteldinge. Das Evangelium selber wird unklar und durch Petrus verdunkelt.

2, 13 + 14: »Und mit ihm heuchelten die andern Juden, so daß auch Barnabas verführt ward, mit ihnen zu heucheln. Als ich aber sah, daß sie nicht richtig wandelten nach der Wahrheit des Evangeliums, sprach ich zu Kephas vor allen öffentlich: Wenn du, der du ein Jude bist, heidnisch lebst und nicht jüdisch, warum zwingst du denn die Heiden, jüdisch zu leben?«

Petrus verführt auch die anderen Juden zur *»Heuchelei«*, ja selbst den Barnabas *»führt er weg«* in diese Richtung. Damit ist aber auch schon angezeigt, daß Paulus dem Petrus mehr vorwirft, als nur eine taktische Verstellung oder das so schlagartig geänderte Verhalten, so daß die anderen nicht mehr wissen, was nun recht ist. Der Vorwurf reicht tiefer. »Heuchler« ist im Griechischen ursprünglich der »Schauspieler« und das durchaus im guten Sinn. Der Schauspieler erklärt und deutet einen Menschen und sein Verhalten, auch wenn er selber ein ganz anderer ist. Darin besteht eben die Kunst des Schauspielers, das überzeugend zu tun. Im negativen Sinn meint das Wort dann aber auch das listige Sich-verstellen, um die andern zu täuschen. Der eigentliche Sinn, den Paulus meint, wird aber erst deutlich, wenn wir die hebräische Form von »heucheln« kennen.

Paulus schließt an diesen jüdischen Wortgebrauch an. *»Heucheln«*, das hebräische Wort dafür heißt wörtlich »den Fuß verdrehen«, also einen anderen Weg gehen. Übertragen meint das, einen anderen Weg gehen, als den, den Gott gezeigt hat. *»Heuchler«* meint also nicht oberflächlich einen listigen oder taktisch handelnden Menschen, sondern ganz eindeutig und hart: Ein Heuchler ist ein Frevler gegen Gott, ein Gottloser sogar.

So tief reicht die Konsequenz im Verhalten des Petrus. Er verläßt den von Gott selbst gewiesenen Weg, daß Judenchristen und Heidenchristen in der Gemeinschaft am Evangelium, ohne die Bindung des Gesetzes zusammengehören. Er geht selbst – und zieht andere auch noch mit – einen Weg gegen Gott. Gott hat in Jesus Christus die Erfüllung, Ziel und Vollendung des Gesetzes gewirkt und nun geht Petrus von diesem Heilsweg Gottes wieder zurück. Das ist Abfall von Gott.

»Sie wandelten nicht richtig nach der Wahrheit des Evangeliums«, so faßt Paulus dieses *»gottlose«* Tun zusammen. Die *»Wahrheit des Evangeliums«*, die zeigt einen anderen Weg, den Weg »allein aus Gnade« in der Freiheit der Kinder Gottes. *»Vor allen öffentlich«*, noch einmal, nicht hintenherum, auch nicht zu anderen, sondern in aller Öffentlichkeit – zu Petrus direkt – spricht Paulus deshalb das aus. Petrus *»wandelt nicht richtig«*, wörtlich: »nicht mit geraden Füßen gehen«, dadurch gerät die ganze Gemeinde in Gefahr, aus dem Tritt zu kommen und abzuirren, deshalb muß das auch vor der ganzen Gemeinde ausgesprochen und geklärt werden.

Er führt dem Petrus die Konsequenzen zunächst in einer Frage vor Augen und spricht ihn auf den Widerspruch in seinem Verhalten an: Er ist doch von Geburt und Tradition ein Jude, hier aber in Antiochien *»lebt er heidnisch und nicht jüdisch«*. Das ist nicht abwertend gemeint *»heidnisch«*, es meint eigentlich »wie diese Völker«, die hier wohnen. Petrus hat den jüdischen Lebensstil – die Reinheits- und

Speisegebote und auch wohl die Beschneidung –, um der Einheit und Freiheit des Evangeliums willen in der brüderlichen Gemeinschaft unbeachtet gelassen und damit doch deutlich gezeigt: Diese Vorschriften sind für Leute des Christus nicht mehr wesentlich. Und doch, durch sein anderes, von der Menschenfurcht bestimmtes Verhalten, *»zwingt er die Heidenchristen«*, eben solche jüdische Lebensart als wesentlich anzunehmen, so müssen sie zumindest aus dem Rückzug des Petrus schließen. Es ist ja kein nur den Petrus berührender Vorgang; der Zwang liegt darin, daß er Vorbild und Richtschnur für viele ist. Zwar gilt: »Das Heil kommt von den Juden« (Joh 4, 22), aber das Heil ist nicht jüdisch. Warum setzt du hier eine solche Nötigung? Mit dieser Frage beginnt Paulus. Und weil es hier um den Abfall vom Evangelium selber geht, darum entfaltet nun der Apostel in Kurzform das Evangelium selber. Dieses soll für sich selbst sprechen, nicht Argumente des Paulus. Denn auch der Jude wird ja nicht durch seine jüdische Lebensweise, sondern durch den Glauben an Jesus Christus gerettet.

3.2. DIE GERECHTIGKEIT KOMMT DURCH DEN GLAUBEN AN JESUS CHRISTUS, 2, 15–18

2, 15: »Wir sind von Natur Juden und nicht Sünder aus den Heiden.«

Diese Feststellung ist zunächst einmal eine gemeinsame Grundlage, auf der Petrus und Paulus stehen. In rechter seelsorgerlicher Art schließt sich Paulus in das Gespräch mit ein und sucht die Gemeinsamkeit, deshalb sagt er hier auch bis V. 18 *»wir«*. Er muß zwar Petrus ermahnen und sogar zurechtweisen, er tut das aber nicht in Besserwisserei, von oben herab oder in richtender Bloßstellung. Das *»wir«* ist mehr als nur rhetorische Floskel, es ist Ausdruck der Bruderschaft, in der allein rechte Ermahnung geschehen kann.

»Wir sind von Natur aus Juden«, durch ihre Geburt gehören sie beide zu dem auserwählten Volk Gottes; das nämlich, eben die Erwählung, stellt sie weit über die *»Sünder aus den Heiden«*. Nicht der jüdische Nationalstolz geht hier mit Paulus durch; vielmehr hat er die Fülle der Heilsgaben vor Augen, die Gott seinem Volk durch die Zeiten gegeben hat: »Israel, welchem die Kindschaft gehört und die Herrlichkeit und der Bund und das Gesetz und der Gottesdienst und die Verheißungen; welchem auch sind die Väter und aus welchem Christus herkommt nach dem Fleisch ...« (Röm 9, 4 + 5). Paulus trifft seine Feststellung nicht in selbstgefälligem Stolz. Der Vorzug der Juden liegt nicht in ihrer Qualität, sondern in der stetigen Zuwendung und den überfließenden Gaben seines Gottes.

Die Heiden, die Völker sind *»Sünder«*, auch das ist nicht etwa ein abfälliges, moralisch gemeintes Urteil. Sie können gar nicht anders, diese Völker. Sie sündigen, weil sie das Gesetz und den Willen Gottes nicht kennen. Wer in Israel nach Gottes Willen leben wollte, der konnte das tun, denn er kannte diesen Willen aus den Geboten und konnte ihn tun. Das war aber den Heidenvölkern nicht möglich. Es ist eine ganz andere Frage, wieviele in Israel dann auch tatsächlich nach dem bekannten Gotteswillen lebten. Die Feststellung des Paulus, daß Jude-sein über die Heidenvölker hinaushebt, kann nicht heißen, darum seien die Juden keine Sünder. Wohl aber, sie, gerade sie, hätten nicht sündigen müssen. Israel hat die bedrückende Erfahrung an sich selber machen müssen, daß sie so, aus eigener Kraft, nämlich kraft des Gehorsams gegen das Gesetz die Gerechtigkeit nicht erlangten. Das haben Petrus erlebt und auch Paulus, deshalb kennzeichnet auch das *»wir«* ihre Gemeinsamkeit.

2, 16: »Doch weil wir wissen, daß der Mensch durch des Gesetzes Werke nicht gerecht wird, sondern durch den Glauben an Christus Jesus, sind auch wir gläubig geworden an Christus Jesus, damit wir gerecht werden durch den Glauben an Christus und nicht durch des Gesetzes Werke; denn durch des Gesetzes Werke wird kein Fleisch gerecht.«

Damit ist die Grundposition des Christen in aller Deutlichkeit ausgesprochen: *»Der Glaube an Christus Jesus«* und *»die Werke des Gesetzes«* stehen sich gegenüber. Da gibt es keinen Kompromiß und keinen Ausgleich, hier gibt es nur das »Entweder – Oder«. So eindringlich ist das herausgestellt, daß wir wohl verstehen, daß der Galaterbrief von dem Reformator Martin Luther aufs höchste geschätzt worden ist. Über kein neutestamentliches Buch hat Luther mehr gelehrt und gearbeitet als eben über den Galaterbrief.

Der *»Glaube an Christus Jesus«:* Noch zwei Wendungen gebraucht Paulus um diese zentrale Heilstatsache recht zu verdeutlichen: *»wir sind gläubig geworden an Christus Jesus«* und *»gerecht durch den Glauben an Christus«.* Der Messias Jesus ist der Mittelpunkt: *»durch«* und *»an«,* die beiden Präpositionen kennzeichnen die Stellung des Christen zu ihm. Im Griechischen sind es drei verschiedene Präpositionen: *»durch den Glauben Christi Jesu«,* nur so wird der Mensch gerecht, daß er sein Tun und Lassen als vergeblich erkennt und *»all sein Vertrauen auf Jesus Christus setzt«,* der alles getan hat, was nötig ist, damit wir Gott recht sind. Dieses Vertrauen nennt Paulus *»gläubig werden an Christus Jesus«,* alle eigenen Anstrengungen wegtun und ihm nachfolgen. *»Aus solchem Glauben«* sind wir gerechtfertigt, das betont besonders den Vollzug dieses glaubenden Vertrauens, den gelebten Glauben.

Die *»Werke des Gesetzes«* helfen nichts, *»aus den Werken des Gesetzes wird kein Fleisch gerecht«.* Paulus benützt hier ein Wort aus Psalm 143, 2. »Vor dir ist kein Lebendiger gerecht«, betet dort David im Bewußtsein, daß alle Menschen Sünder sind. Er betet dann weiter (V. 10) *»lehre mich tun nach deinem Wohlgefallen«* und reißt hierbei in der alttestamentlichen Gesetzesfrömmigkeit die tiefe Erkenntnis auf, daß Gott selbst die Gerechtigkeit wirken muß. Und er hat das getan. Doch nicht auf dem Weg, daß er Einzelnen zu umfassender Erfüllung des Gesetzes verhilft, sondern so, daß er in *einem,* in seinem Sohn, selbst alle Gerechtigkeit des Gesetzes erfüllt hat. Wer sich jetzt noch darauf stützt, als ob die Taten, die das Gesetz fordert und die der Fromme sich zu tun bemüht, vor Gott etwas wert sind, der leugnet die Tat Jesu Christi. Damit aber ist das Evangelium entleert.

»*Weil wir wissen*« spricht Paulus den Petrus an. Soweit setzt er Übereinstimmung voraus. Dabei ist mit »*wissen*« nicht eine verstandesmäßige Erkenntnis und Einsicht gemeint. Solches »Wissen« greift viel tiefer. Es ist eine persönliche Lebenserfahrung beider Apostel. Petrus mag sie in jener Nacht durchlebt haben, als er seinen Herrn verleugnet hatte und bitterlich weinte und Paulus in den Tagen, als er als hilfloser Blinder in Damaskus saß. Beiden wurde ihr Eigenvertrauen gründlich zerschlagen. Wie sollten sie jetzt wieder in das Alte zurückfallen! Durch die Sätze des Paulus klingt auch der Schmerz, mit dem er Petrus ermahnt. Seine Seelsorge führt in die Tiefe des Evangeliums, wirbt mit sorgender Liebe um den irrenden Bruder – denn das bleibt ihm Petrus – und spricht doch in ernster Aufdekkung von der heraufbeschworenen Gefahr.

Nun, im nächsten Satz zieht Paulus vollends die Konsequenzen, die sich aus dem Handeln des Petrus ergeben. Sie betreffen nicht nur ihn und durch ihn die Gemeinde, sondern Christus selbst wird dadurch entehrt. Petrus steht im Begriff, seinen Herrn noch einmal zu verleugnen.

2, 17: »Sollten wir aber, die wir suchen, durch Christus gerecht zu werden, selber als Sünder erfunden werden, so wäre Christus ein Diener der Sünde. Das sei ferne!«

Aus Menschenfurcht hat Petrus die Gemeinschaft mit den Heidenchristen verlassen, so kommt er in die Gefahr seinen Herrn selbst zu verlassen. »*Wir suchen durch Christus gerecht zu werden*«, Paulus erinnert ihn an ihr gemeinsames eifriges Streben. »*Suchen*« meint nicht, auf Verdacht sich auf etwas einzulassen oder zu probieren, was hilft; »*su-*

chen« das heißt, mit aller Kraft erstreben, von diesem Wunsch und Verlangen ganz erfüllt sein. Eben nicht aus eigenem Verdienst, sondern dieses Verlangen und Streben richtet sich auf Jesus selbst. Bei ihm und durch ihn haben wir die Zusage der Rettung, bei ihm ist unsere Gerechtigkeit dargeboten. Das ist doch das Angebot Jesu Christi, daß er den Sünder heilt, in seinem Tod ist unser Heil und die Vergebung aller unserer Sünde geschehen. Wer mit Jesus lebt, der ist ein neuer Mensch. Darauf vertrauen und hoffen wir, das *»suchen«* wir.

Wenn das aber nicht so ist? Wenn die Nachfolger Jesu doch noch *»als Sünder erfunden werden«*? Wenn es doch noch mehr braucht, nämlich die Beachtung des Gesetzes? Dann ist Jesus ein Betrüger. Dann hält er nicht, was er verspricht. Anstatt Herr über die Sünde zu sein, anstatt »Macht zu haben, die Sünde zu vergeben« (Mark 2, 10), wäre Jesus *»ein Diener der Sünde«*. Für *»Diener«* steht hier »diakonos«, aus unserem Begriff Diakon bekannt. Das bezeichnet ursprünglich den Dienst bei Tisch, übertragen etwa »für das Wohlergehen sorgen«. Er, der gekommen ist, die Macht und Herrschaft der Sünde zu brechen, »die Werke des Teufels zu zerstören« (1. Joh 3, 8), er würde die Sünde bedienen, für ihr Wachstum und Wohlergehen besorgt sein, ja sie am Leben halten und dieses Leben fördern.

»Das sei ferne!« Nie und nimmer. Erst wenn diese Konsequenzen sichtbar werden, wird der Ernst der durch Petrus geschaffenen Verunsicherung deutlich.

2, 18: »Wenn ich aber das, was ich zerbrochen habe, wiederum baue, so mache ich mich selbst zu einem Übertreter.«

Nun wechselt Paulus in der Anrede. In diesem *»Ich«*, der Rede in der ersten Person spricht er selbst. Das ist nicht nur ein Stilmittel. Einmal spricht hier Paulus in aller Demut, denn das ist die Versuchung eines jeden Jüngers Jesu, daß er immer wieder selbst zu seinem Heil beitragen will. Zum andern spricht aber auch der »Seelsorger« Paulus in diesem *»Ich«*, der Petrus nicht bloßstellen will, ihm aber auch den Ernst der Folgen seines Tuns nicht ersparen kann. *»Ich habe zerbrochen«*, so kann nur ein Mensch reden, der eine radikale Kehrtwendung erlebt hat. »Mit der Wurzel ausgerissen« könnte man übersetzen oder »dem Erdboden gleich gemacht« und vollständig zerstört. Was? Das, worauf Paulus vor Damaskus gesetzt hatte, worauf er sich gestützt und verlassen hatte, eben auf das Gesetz als den rettenden Weg. Er hat sich völlig davon abgekehrt (vgl. Phil 3, 7 + 8), er hält es jetzt sogar für *»Kot«*. Und das soll *»wieder gebaut«* werden? Das soll wieder Haus werden, in dem sich wohnen, in dem sich leben läßt? Das soll wieder aufgebaut werden? *»Dann mache ich mich selbst zu einem Übertreter«* sagt Paulus. Wenn er tatsächlich so etwas tun würde, aus diesen zerbrochenen Trümmern sich wieder ein Haus bauen, dann würde er sich als einer zeigen, der das ihm in Jesus erbaute Haus preisgibt.

Immer deutlicher treten die Konsequenzen an das Licht, auch immer härter: Der Weg Gottes wird verraten, Christus selber zum Betrüger gestempelt und das alte Jammerleben hat mich wieder.

In einem abschließenden Gedankengang stellt nun Paulus noch einmal das neue Leben mit Christus dar.

3.3. DAS NEUE LEBEN MIT CHRISTUS, 2, 19–21

2, 19: »Denn ich bin durchs Gesetz dem Gesetz gestorben, damit ich Gott lebe, ich bin mit Christus gekreuzigt.«

»Ich bin mit Christus gekreuzigt«, von diesem Nachsatz her wird der Vordersatz verständlicher. Das neue Leben mit Christus zieht den Nachfolger hinein in das Geschick sei-

nes Herrn. Jesus wurde als Gotteslästerer an das Kreuz geschlagen. Die Juden fühlten sich nach ihrem Gesetz völlig im Recht (vgl. 3. Mose 24, 16). Daß Jesus sich als der Sohn Gottes bekannte, war für sie Gotteslästerung und darauf stand nach dem Gesetz Israels der Tod. Sie vollzogen die Strafe des Gesetzes an ihm und eben dadurch wurde das Gesetz als Heilsweg und Heilsmittel außer Kraft gesetzt. Das Kreuz Jesu Christi ist das Ende des Gesetzes. *»Durch das Gesetz dem Gesetz gestorben«*, das wird am Christus deutlich und so auch an seinem Nachfolger.

Paulus erlebte das an sich selbst. Auch ihn suchten die Juden Jerusalems zu töten (vgl. Apg 9, 29), denn das Gesetz forderte dies. Auch er wurde des Todes schuldig, weil er den Gotteslästerer Jesus als Messias verkündigte. Dadurch starb *»er dem Gesetz«*. Die von den Juden eingesetzte, richtende Macht des Gesetzes hat das Gesetz als Heilsweg selbst entmachtet. Paulus sagt hier mehr als im Römerbrief (vgl. Röm 7, 4–10); der neue Mensch ist nicht nur dem Gesetz abgestorben – es bleibt zwar in Kraft, hat aber für ihn keine Bedeutung mehr –, es ist vielmehr das Gesetz an sein Ende gekommen, außer Kraft gesetzt und seiner Heilsbedeutung entledigt. Also nicht nur: Ich, Paulus, lebe nun nicht mehr nach dem Gesetz und für das Gesetz, denn ich bin ihm tot, andere mögen diesen Weg noch gehen und so ihre Gerechtigkeit finden. Nein, sondern so: Im Kreuz Jesu Christi, das auch ich trage, kommt das Gesetz zum Ende, wird als falscher Weg erwiesen. Ich kann nun nicht mehr mein Heil in der Erfüllung des Gesetzes suchen, niemand kann das mehr. *»Ich lebe Gott«*. Das neue Leben ist nicht mehr Leben für das Gesetz, um dadurch zu Gott zu kommen. Nein, es ist schon »Leben für Gott«, weil ich von ihm angenommen bin. Wie *»ich lebe«*, das verdeutlicht Paulus jetzt.

2, 20: »Ich lebe; doch nun nicht ich, sondern Christus lebt in mir. Denn was ich jetzt lebe im Fleisch, das lebe ich im Glauben an den Sohn Gottes, der mich geliebt hat und sich selbst für mich dahingegeben.«

»Ich lebe für Gott«, das ist näher ausgeführt als Leben in der Gemeinschaft mit Christus. *»Ich lebe«,* das ist ein gefüllter Begriff von Leben. Das Leben unter und für das Gesetz war ein ständiges Abmühen, Anstrengen und Furcht haben, ein Leben in Gefangenschaft; jetzt hat Paulus das wirkliche Leben kennengelernt, ein Leben in der Befreiung vom *»Ich«.* Das setzt er ja sofort hinzu, *»doch nun nicht ich, sondern Christus lebt in mir«.* Das neue Leben in der Nachfolge Jesu Christi sagt »nein« zu sich selber in seiner natürlichen Art. Nicht mehr der eigene Wille, das eigene Streben, Wünschen und Handeln sind jetzt wesentlich, *»Christus lebt in mir«.* Er ist der Herr, er treibt an, er gibt Kraft, er ist Ziel dieses Lebens. Das ist die Qualitätsänderung, die neue Art, daß mein Herr nun in mir regiert und nicht mehr der Egoismus. Der Nachfolger kann *»ich«* sagen, aber dieses *»Ich«* ist das von Jesus hervorgebrachte Ich (vgl. Kol 3, 3ff. u. Röm 8, 9ff.).

Zwar lebt Paulus noch *»im Fleisch«.* Der Leib ist derselbe. Auch seine Geistes-, Verstandes- und Wesensart wurde nicht einfach ausgetauscht. Er ist noch der Saulus von Tarsus. Seine Person mit ihrer Prägung und Originalität bleibt unverwechselbar. Die neue Qualität heißt: *»ich lebe im Glauben an den Sohn Gottes«.* Die Antriebskraft seines Lebens ist eine andere geworden, die Luft, die er atmet ist eine andere, nämlich die geistliche Luft des Evangeliums. Die neue Qualität besteht in der neuen Lebensgrundlage, im Angenommensein durch Christus, von ihm *»geliebt«,* denn er *»hat sich selbst für mich dargegeben«.* Christus hat sich für uns ausgeliefert in die Hände der Sünder, den Tod erlitten, damit wir Frieden hätten. Er ist das Opfer geworden, das uns vor Gott angenehm macht. Der »alte« Paulus und doch ein völlig verwandelter und neuer Jünger Jesu. *»Leben im Glauben«,* das ist eine neue Lebensgrundlage, eine neue Antriebskraft, eine neue Richtung und damit ein neues Denken und Handeln. Er lebt allein aus der Gnade Gottes, die in Jesus Christus Wirklichkeit geworden ist.

2, 21: »Ich werfe nicht weg die Gnade Gottes; denn wenn durch das Gesetz die Gerechtigkeit kommt, so ist Christus vergeblich gestorben.«

Das ist der Abschlußsatz dieser seelsorgerlichen Ermahnung an Petrus und Überschrift über die folgenden Kapitel 3 und 4, wo ausführlich über die Aufgabe und die Begrenzung des Gesetzes gesprochen wird.

Wer diese neue Existenz »im Glauben« ergänzen und sichern will, der *»wirft die Gnade Gottes weg«*, der macht die Gnade Gottes *»zur nicht angenommenen«*, so wörtlich. Er entzieht sich dem Heil Gottes und verwirft es für sich. Und damit erklärt er Gottes ganzes Heilshandeln für *»vergeblich«* und umsonst. *»Wenn durch das Gesetz die Gerechtigkeit gewirkt wird«*, dann ist Jesu Leben, Leiden und Sterben unnötig, dann ist das Evangelium nur eine entbehrliche Randverzierung des frommen Lebens. Überall dort, wo zur Gnade Gottes, zu seinem gnädigen Handeln in Jesus noch etwas als heilsnotwendig hinzugefügt wird, dort wird in letzter Konsequenz Christus entbehrlich gesehen.

Zusammenfassung: In 2, 11–21 erweist Paulus seine Autorität als berufener Apostel Jesu Christi, dem das Evangelium vom Herrn selbst gelehrt wurde, was auch die anderen Apostel bestätigt haben und wie es sich in einer grundsätzlichen Auseinandersetzung mit dem angesehensten Apostel, nämlich Petrus, gezeigt hat. In diesem Erweis benützt Paulus historische Vorgänge, die nachprüfbar sind. Gal 1 und 2 bringen keine »bewußte historische Verzerrung«, wie manche Ausleger sagen.

Zwar ist es richtig, daß Paulus in dieser Erweisführung kein historisches Protokoll erstellen will, aber die aufgeführten Fakten sind den Galatern allemal zugänglich und zum großen Teil nachprüfbar. Auch der Vergleich mit Apostelgeschichte 15 braucht durchaus nicht gescheut zu werden. Paulus und Lukas stimmen überein. Die Auseinandersetzung mit Petrus in Antiochien ist auf keinen Fall unhistorisch, wie hätte Paulus auch zu Lebzeiten des Petrus so etwas erfinden können? Wir tun gut daran, Gal 1 und 2 in seiner ganzen, bis heute gültigen Schärfe an uns heranzulassen und nicht mit fernhaltenden, pseudowissenschaftlichen Zweifeln zu relativieren.

VORSCHLAG ZUR BIBELARBEIT ÜBER GAL 2, 11–21

1. Einleitung:

a) Was ist »Heuchelei«? (mit Kommentar klären)

b) Wo stehen wir in der Gefahr zu heucheln? (Rundgespräch)

c) Wir sammeln an Hand des Neuen Testamentes alle Aussagen über Petrus und zeichnen ein Bild von ihm (Konkordanz)

d) Mögliche Überschrift: »Brüderliche Seelsorge in ernster Liebe«.

2. Durchführung:

Eingangsbeispiel: Ein wichtiger Erziehungsgrundsatz: »Nicht einfach zerbrechen und strafen, sondern die Begründung dafür geben und auch die Konsequenzen zeigen. Kinder müssen auch einsehen.« Auch Paulus handelt hier so. Christliche Ermahnung zeigt den Grund und die Folge.

a) Brüderliche Seelsorge heißt – die Sünde deutlich beim Namen nennen.
Paulus tut nichts hintenherum. Wieviel Unheil und Unfriede entsteht aus solchem Über-den-anderen-reden. Seelsorge heißt Mit-dem-anderen-reden. Hier sogar öffentlich, weil die Gemeinde bedroht

ist (vgl. Matth 18, 1ff.). Die Heuchelei ist mehr als eine Taktik. Sie ist Absage an Gott. Mit »verkrümmtem Fuß gehen«. Das ist die Sünde des Petrus. Er verläßt die von Gott gewiesene Richtung. Gibt es auch unter uns Heuchelei? Überall dort, wo wir Gottes Weg verlassen. Die Gefahr des »Jesus und . . .«. Jüdisch, also nach dem Gesetz zu leben, das ist nicht die Sünde des Petrus. Aber das Gesetz als notwendig zum Heil zu erklären, das ist die Sünde. Was steht bei uns heute hier? Bürgerlich anständig leben? Nach überlieferter Sitte leben? Das ist gut so. Aber Sünde, wenn es als heilsnotwendig hingestellt wird.

b) Brüderliche Seelsorge heißt – die Folgen der Sünde nicht verschweigen.
Petrus heuchelt, dadurch irrt er selbst von Gottes Weg ab, zieht die Gemeinde mit in diese Gefahr hinein, ja, er stempelt Jesus Christus selbst zum Betrüger. So weitreichend sind die Konsequenzen. Wenn Christen Sünde tun, öffentlich, ziehen sie andere mit hinein, verbauen den Weg zu Jesus, verunehren ihren Herrn. Darum ist Seelsorge mit Ermahnung nötig. Eine Gemeinde, die bekannte Sünde nicht zurechtweist, verliert die Vollmacht. Doch: rechte seelsorgerliche Ermahnung weiß um die eigene Gefährdung und geschieht nicht selbstgerecht und von oben herab. Sie wirbt um den anderen. Sünde wird aufgedeckt, der Sünder aber nicht unmöglich gemacht. Ziel bleibt: Ihn zurückzuholen.

c) Brüderliche Seelsorge heißt – das Evangelium als Richtschnur setzen.
Paulus verteidigt nicht seine Autorität. Er steht gegen Petrus für die Wahrheit des Evangeliums. Doch er sucht das Gemeinsame mit Petrus. Er bietet ihm die Hand und baut ihm so eine Brücke zurück. Er benützt keine moralischen Argumente, sondern läßt das Evangelium selbst sprechen. Wo wir in der

Seelsorge nicht biblisch argumentieren, zwingen wir dem andern unsere Meinung auf. Das Evangelium soll gelten, nicht wir. Wie oft ist unsere Seelsorge hier fragwürdig. Der andere soll so handeln wie ich! Das ist falsch.

Das Evangelium ist neue »Lebensqualität«. Neue Richtung, neue Grundlage, neuer Geist. Christus in mir. Das Sterben geht voraus. Wer nicht allein aus der Gnade lebt, der baut das Alte wieder.

Schluß: Seelsorgerlicher Grundsatz: Den Bruder nicht unmöglich machen, sondern ihn zurückholen. Seelsorge kann nur in brüderlicher Liebe geschehen, so wie auch Erziehung der Kinder nur auf der Grundlage der Liebe glückt.

C. DIE GERECHTIGKEIT AUS DEM GLAUBEN UND DIE AUFGABE DES GESETZES, 3, 1–5, 12

Durch die Kapitel 1 und 2 zieht sich wie ein roter Faden die theologische Grundaussage des Paulus: Der Weg des Gesetzes als Heilsweg ist zu Ende, die Gerechtigkeit wird allein durch den Glauben an Jesus Christus geschenkt. Gerade diese, für jüdische Ohren gotteslästerliche Aussage, die auch uns Christen heute so viel Not bereitet, wenn auch in anderen Ausformungen, diese Aussage entfaltet der Apostel in den folgenden Versen bis 5, 12. Er hat zunächst einmal Hindernisse bei den Galatern zu beseitigen gehabt, nämlich Angriffe, Herabsetzungen und Verleumdungen gegen ihn als Apostel und gegen seine Verkündigung. Doch das waren nur vordergründige Argumente, mit denen die eingedrungenen Irrlehrer das Evangelium selbst angreifen wollten. Paulus schlägt ihnen diese durchsichtigen Waffen aus der Hand und fordert sie auf den eigentlichen Kampfplatz, nämlich zu der persönlichen Entscheidung gegenüber dem Evangelium von der Gnade Gottes in Jesus Christus. Seine »Erweise« dienen diesem Zweck, vom Uneigentlichen zum Eigentlichen zu kommen. Aber auch jetzt geht es nicht um eine theoretische Lehre oder Wahrheit, sondern um das, was einen Menschen im Leben und Sterben trägt. Die Bezeichnung »Dogmatischer Teil des Galaterbriefes« (3, 1–5, 12) verleitet allzu leicht zu dem Gedanken, jetzt komme eben die Theorie. Dogmatik ist aber immer praxisbezogen, gelebtes, erfahrenes Vertrauen in der neuen Wirklichkeit Jesu Christi. Dogmatik, das ist das Nachlauschen den Schritten Gottes in der Heilsgeschichte und das Aufzeigen seines jetzt geschehenden Handelns zur Rettung. Diese dogmatische »Wahrheit« ist »Wahrheit in Begegnung«, in der Begegnung mit dem lebendigen Gott selbst. Die Dogmatik begründet nicht den Glauben, vielmehr denkt sie dem gelebten Glauben nach und gibt ihm eine verstehbare, zum Vertrauen rufende Sprache.

1. DIE VERBLENDUNG DER GALATER, 3, 1–5

3, 1: »O ihr unverständigen Galater! Wer hat euch bezaubert, denen doch Jesus Christus vor die Augen gemalt war als der Gekreuzigte?«

Der Schmerz und die Enttäuschung des Apostels kommen in diesem Ausruf zum Ausdruck. Er nennt die Galater *»unverständig«*. Paulus stellt Fragen. Mit seiner ganzen Autorität will er den Galatern nichts aufzwingen, denn der Glaube verträgt keinen Zwang. Sie sollen Antwort geben und darin selber zur Einsicht und Erkenntnis kommen. Diese Einsicht ist ihnen verloren gegangen in der Verwirrung durch die falschen Lehren. Sie sind *»unverständig«* geworden, ohne Einsicht und Erkenntnis in das Heilshandeln Gottes. Es fehlt aber nicht nur im Denken, *»unverständig«* meint nicht einfach dumm oder beschränkt im intellektuellen Sinn; besser übersetzen wir mit »töricht«. Der »Tor« ist schon im Alten Testament der, der unverständig denkt und handelt. Das verblendete Denken hat durchaus Konsequenzen im Verhalten und Tun Gott gegenüber (vgl. Ps 14, 1; Luk 24, 25).

Dieser Verlust an Einsicht und klarem Durchblick auf Gottes Handeln offenbart das Angreifen einer bösen Macht. Nicht nur einen Verstandesmangel sieht Paulus bei den Galatern, sie sind *»bezaubert«*. Der Zauber ist die Macht der Lüge und Verführung, die ganz reale Wirklichkeit des »Vaters der Lüge«, des Satans, der die Gemeinden von Jesus wegreißen und unter seine Herrschaft bringen will. Zauberei ist Verführung zum Götzendienst, ist vor Gott ein Greuel (vgl. 5. Mose 18, 12). Die falschen Brüder, die in Galatien ihr Unwesen treiben, legen einen Bann auf die Gemeinden. Sie haben sie mit ihrer Botschaft fasziniert und verführt. Es steht Macht gegen Macht. Das ist der Angriff gegen den Christus selbst. In unserem abgeplatteten Begriff eines Zauberers, wie er im Varieté oder Fernsehen auftritt, ist immerhin noch das enthalten: Solch ein Zauberer arbeitet mit Tricks und Verblüffung und will gerade keine Einsicht wecken und kann kein Verstehen brauchen. Glauben heißt also gerade nicht »den Verstand abschalten«, sondern Einsicht und Durchblick gewinnen. Der Unglaube ist Torheit, Verblendung und Verzauberung.

Paulus hat den Galatern *»Jesus Christus vor die Augen gemalt«,* er hat ihnen die Augen für Gottes Heilsweg geöffnet. *»Vorgemalt«:* damit ist sicher auch die Eindrücklichkeit der paulinischen Predigt angesprochen, doch meint das Wort umfassender: »öffentlich hinschreiben«, also etwas in aller Öffentlichkeit bekanntgeben. Die öffentliche Verkündigung des Evangeliums meint Paulus hier besonders, wie er Jesus als den Herrn über die Gemeinden ausgerufen und sein Evangelium proklamiert hat. Die Herrschaft Jesu ist in seinem Kreuz begründet, in *dem* Heilsereignis der Geschichte Gottes mit uns Menschen. Darum hat Paulus Jesus *»als den Gekreuzigten«* verkündigt. Dort am Kreuz hat er unser Heil geschaffen. Wer anderes sagt und hinzufügt, der lügt. In der Botschaft vom *»Gekreuzigten«* wird der historische Jesus in seiner Verkündigung und der auferstandene Christus mitbezeichnet. Wer vom Kreuz redet, redet auch von der Menschwerdung, der Auferstehung und der Himmelfahrt Jesu Christi. Das Kreuz als Sühnopfer ist die Mitte, dort sagte der Herr: »Es ist vollbracht!«

3, 2+3: »Das allein will ich von Euch erfahren: Habt ihr den Geist empfangen durch des Gesetzes Werke oder durch die Predigt vom Glauben? Seid ihr so unverständig? Im Geist habt ihr angefangen, wollt ihr's denn nun im Fleisch vollenden?«

Der Apostel kommt zur entscheidenden Frage, *»das allein will er wissen«,* wie haben sie es denn selbst erfahren, woher bekamen sie den Geist Gottes, *»aus den Werken des Gesetzes oder durch das Hören* (wörtlich) *des Glaubens(zeugnisses)«?* Die galatischen Christen haben den Geist Gottes. Er hat ihnen Sünden aufgedeckt, sie zum »Hören« gebracht, Erweckung und Umkehr gestiftet und sie eben als Gemeinde gesammelt. Das alles sind sichtbare Zeichen des Heiligen Geistes. Und nun die Frage: Wodurch wurde er geschenkt? Das *»oder«* bezeichnet einen unvereinbaren Gegensatz. Ist der Geist Gottes auf sie gekommen, dadurch daß sie jüdisch wurden, also die Gebote des Gesetzes pünktlich genau erfüllten? Oder – ist der Geist auf sie gekommen durch das Hören des Evangeliums vom Glauben an Jesus Christus? War es nicht das gepredigte Wort Gottes, das an ihnen seine umwandelnde und erneuernde Kraft erwiesen hatte? Es ist doch Gottes Geist gebunden an das Wort Gottes und durch dieses Wort wirksam und lebendig.

Die Antwort liegt schon da. Sie drängt sich bei *»verständiger«* Betrachtung auf, müßte den Galatern unausweichlich sein, wenn sie ihre eigene Erfahrung und ihr Erleben unter dem Evangelium nur einsichtig prüfen wollten. Sie sind tatsächlich töricht und handeln gegen ihr eigenes, besser gegründetes Wissen. Sie *»haben im Geiste angefangen«*, durch den Geist Gottes hat ihr neuer Wandel begonnen, *»wollt ihr's nun im Fleisch vollenden?«* Was der Geist in ihnen gewirkt und ermöglicht hat, meinen sie nun wirklich, das im Fleisch, in eigener Kraft und Verantwortung als Gesetzeserfüllung zu vollenden, zum Ziel bringen zu können? Paulus beantwortet diese Frage nicht direkt. Aber er stellt sie so klar, daß die Galater nicht ausweichen können, daß sie gezwungen sind, über sich selber ernsthaft nachzudenken und über das, was Gottes Heilsweg ist. Nun können sie sich nicht mehr hinter ihrer Frage an die Autorität, das Amt oder die Person des Paulus verstecken. Jetzt sind die Vorgeplänkel zu Ende. Der Kern liegt offen da. Jetzt sind sie gefragt, bis aufs Mark in Frage gestellt. Und jetzt haben sie zu antworten.

3, 4 + 5: »Habt ihr denn so viel umsonst erlitten? Wenn anders das konnte umsonst sein. Der euch nun den Geist darreicht und tut solche Taten unter euch, tut er's durch des Gesetzes Werke oder durch die Predigt vom Glauben?«

Noch einmal wird die Kernfrage vertieft: *»Habt ihr denn so viel umsonst erlitten?«* Von Vers 5 her ist das zu deuten, *»erleiden«* kann zwar durchaus hier auch die Anfechtungen und Bedrückungen meinen, denen die Galater in ihrer heidnischen Umwelt ausgesetzt sind, das Kreuz ist und bleibt den Griechen eine »Torheit« (vgl. 1. Kor 1, 23). Doch wissen wir nichts von besonderer Verfolgung in den Gemeinden. So ist es besser positiv zu fassen: *»Habt ihr denn so viel umsonst an Wirkungen des Geistes, Früchten des Glaubens und Wohltaten der Gnade Gottes erfahren?«* Die Wiedergeburt nimmt ja hinein in die Versöhnung mit Gott. Das neue Leben ist gekennzeichnet durch den Frieden und das Glück der Erlösung und das reicht auch bis hinein in das Gefühl und die Lebenshaltung eines Menschen, wenn das auch nicht das Entscheidende ist. Das Leben mit Christus unter der Leitung des Heiligen Geistes ist gefülltes und erfülltes Leben, es ist erst Leben im Vollsinn des Wortes. Das alles haben die Galater doch geschenkt bekommen oder *»konnte das wirklich umsonst sein?«*

In dem kurzen Nachsatz wird erschreckend die Möglichkeit umrissen, daß das alles vergeblich war, daß die Galater trotz der reichen Geisteswirkung wieder in das alte, unerfüllte Leben zurückfallen. Diese Möglichkeit gibt es: Man kann den Geist Gottes verlieren, denn Gott zwingt keinen. Wer den Segen und die Gnade Gottes so erlebt hat, der kann nicht wieder einfach der Alte werden. Es ist ein Stachel im Herzen. Gottes Geist hat Wirkung und wo sich ein Mensch dann diesem erfahrenen Geist verschließt, da wird er verhärtet, da wird ihm das Evangelium und die Gnade Gottes zum Gericht. Wissen wir das heute noch? Unter der Fülle des Segens durch den Geist Gottes kann ein Mensch gerichtsreif werden, wenn er sich bewußt verschließt. Die klare und eindeutige Verkündigung des Evangeliums und die Wirkungen des Geistes Gottes in einer Gemeinde erfordern unser Öffnen und unsere Hingabe, sonst ist die Gnade Gottes an uns vergeblich, ja sogar gefährlich.

Und nun noch einmal zusammenfassend die Frage: Gott

»reicht euch den Geist dar«, er gab euch mit hohen Kosten verbunden – so wörtlich – seinen Heiligen Geist, es hat ihn ja seinen Sohn gekostet (vgl. 1. Kor 6, 20; Röm 8, 32). Er *»tut solche Taten unter euch«*, gemeint sind die Krafttaten des Heiligen Geistes, wie er die Christen bevollmächtigt, große Taten zu tun. »Dynameis«, das griechische Wort hier, kann gezielt die Austreibung von Dämonen, aber auch Heilungen und Wunder meinen. Dann läge ein Anklang an das *»bezaubern«* (V. 1) vor. Sie, die die Macht des Heiligen Geistes in Dämonenaustreibungen erleben, sie verfallen wieder den dämonischen Mächten in Gestalt der Gesetzesprediger. So viel haben die Galater erlebt. Wirkte Gott das bei ihnen durch ihre Erfüllung des jüdischen Gesetzes oder kam es nicht durch *»die Predigt vom Glauben«*?

Mit diesen vertiefenden, bohrenden Gegenfragen, die Paulus selber nicht beantwortet, lenkt er den Blick der Galater auf den Anfang ihres neuen Lebens, *»wie hat es denn angefangen?«* und auf den Fortgang ihrer Nachfolge durch die Macht des Heiligen Geistes, *»geschah das wirklich als Folge angestrengter Gesetzeserfüllung?«* Die Antwort mußte für die Galater nicht schwer sein. Und doch liegt in solch einem Blick auf das eigene Erleben und auf solche Krafttaten auch eine Gefahr. Auch die satanische Macht tut Krafttaten, kann bezaubern, große Wirkungen hervorbringen und Menschen in ihren Bann schlagen. So wie die Zauberer Ägyptens Moses Taten nachvollziehen konnten (vgl. 2. Mose 7, 11 ff.). Krafttaten, Wunder und Heilungen könnten auch aus solchen Quellen hervorgehen. Darauf kann die Gemeinde ihre Gewißheit der Gnade nicht letztgültig bauen; auch der Antichrist wird seine Verführung mit beeindruckenden Taten verschleiern (vgl. Offb 13, 3 + 12). Die Kraftwirkungen in der Gemeinde sind Begleitzeichen (vgl. Mark 16, 16 ff.), sind Hinweiszeichen auf Gott. Nur dort, wo die Machttaten zum Lob Gottes in Jesus Christus führen, ist auch Gottes Geist am Werk. Und der Blick auf das eigene Erleben in der Nachfolge kann wohl subjektive Hilfe sein; solche eigene Erfahrung muß aber mit der Heilsgeschichte Gottes durch die Zeiten, wie sie im biblischen Wort bezeugt wird, zusammenklingen, sonst ist auch hier die Gefahr der Verführung groß.

Mein geistliches Erleben muß mit dem Zeugnis der Gemeinde aller Zeiten zusammenstimmen, sonst erliege ich einem Trugschluß. Darum bleibt Paulus bei diesen, die Galater auf sich selbst und ihre Geschichte verweisenden Fragen nicht stehen. Nun nimmt er sie hinein in das Zeugnis der Heilsgeschichte Gottes seit Abraham. Dort liegt der Nachweis, daß das, was unter ihnen und an ihnen geschah, aus Gott war und ist. Wenn sie das leugnen, aufgeben oder ergänzen, stehen sie wider Gott selber und verlassen seinen Weg.

VORSCHLAG ZUR BIBELARBEIT ÜBER GAL 3, 1–5

1. **Einleitung**

   a) Was hat der Glaube mit dem Denken zu tun? Muß wirklich, wer glaubt, den Verstand ausschalten? Wir sammeln unsere Gedanken im gemeinsamen Gespräch.

   b) Was wirkt der Heilige Geist in der Gemeinde? (Konkordanz)

   c) Wir prüfen uns selbst in der Stille: Wo lasse ich mich »bezaubern«, von anderen Einflüssen und Mächten in Beschlag nehmen?

   d) Mögliche Überschrift: »Nicht der Anfang, nur das Ende krönt des Christen Glaubenslauf!«

2. **Durchführung:**

   Eingangsbeispiel: Ein 10 000-Meter-Lauf wird erst am Ende entschieden. Nicht die Schnelligkeit der ersten Runde zählt. Ein kluges Rennen läuft der, der mit dem Blick auf das Ziel läuft und seine Kraft einteilt, daß er durchhalten kann. Die Galater stehen in der Gefahr, nicht durchzuhalten. Sie haben klug begonnen, aber jetzt stehen sie in der Gefahr, die Bahn zu verlassen.

a) Der Start ist wichtig
Die Gemeinden sind unter dem Evangelium vom gekreuzigten Herrn entstanden. Das Wort hat an ihnen gewirkt. Bekehrung hat etwas mit dem Denken zu tun. »Blinder« Glaube trägt nicht durch. Wir dürfen dem Hörer des Evangeliums etwas zumuten. Bekehrung ist Empfangen des Heiligen Geistes. Der Geist kommt aus dem Hören des Evangeliums. Christus vor Augen malen = öffentlich proklamieren. So entsteht Glaube. Achtung: Bekehrung nicht auf Gefühl, Personen oder Beeindruckendes gründen. Wieviel halbe Bekehrung gibt es, weil Jesus nicht allein verkündigt und geglaubt wird. Neues Leben beginnt mit der Gabe des Heiligen Geistes. Dieser Geist wirkt.

b) Ausdauer ist nötig
Wir haben aus uns keine Ausdauer. Die Kraft des Heiligen Geistes verleiht sie uns aber. Der Geist bleibt nicht verborgen. Die Galater haben viel erlebt: Krafttaten, Dämonenaustreibungen, Wunder, Heilungen. Wie arm sind wir da geworden! Ist das ein Grund für unsere Müdigkeit: Wir machen oft so wenig Erfahrung mit Gott? Wir geben dem Geist keinen Raum zum Wirken. Kriterien bei Krafttaten: zum Lob Gottes führen.
In der persönlichen Glaubenserfahrung: Übereinstimmung mit den Zeugen der Gemeinde Jesu durch die Zeiten.
Der Geist Gottes wirkt die Fülle. Wir können aus dem Vollen leben = vom Kreuz Jesu Christi her leben. Vertrauen auf die eigene Kraft führt zur schnellen Ermüdung, zum Aufgeben. Nicht im Fleisch vollenden.

c) So kommt man zum Ziel
Gott reicht den Geist dar und tut solche Taten, damit wir zum Ziel kommen. Die Galater verfehlen das Ziel. Sie lassen sich »bezaubern«, von fremden Mächten in Bann schlagen. Die Gesetzeswerke, die »fromme Gesetzlichkeit«, macht die Nachfolge zu einem Hindernislauf. Wo bauen wir uns solche Hindernisse? Die rauben die Kraft. Jesus vor Augen malen, das ist auch Zielangabe; zu ihm kommen. Es geht um das Vollenden. Paulus ermahnt die Galater, um sie zum »Vollenden« zu bringen. Sie sollen nicht stecken bleiben. Das ist der Dienst, den wir einander schuldig sind in der Gemeinde: Beständig auf das Ziel hinweisen.

Schluß: Gott sucht Dauerläufer, nicht Kurzstreckensprinter.

2. DER SEGEN DES GLAUBENS STEHT GEGEN DEN FLUCH DES GESETZES, 3, 6–14

2.1. DER GLAUBENDE ABRAHAM IST DER TRÄGER DER SEGENSVERHEISSUNG, 3, 6–9

3, 6+7: »So hat doch Abraham Gott geglaubt, und es ist ihm gerechnet zur Gerechtigkeit! Erkennet also: die des Glaubens sind, das sind Abrahams Kinder.«

Nun kommt die Probe aufs Exempel. An Abraham schon kann abgelesen werden, wodurch die Gerechtigkeit vor Gott kommt. Abraham ist *der* Erzvater Israels. Auf ihn berufen sich die gesetzestreuen Juden, ja das ganze Volk Israel. *»Er hat Gott geglaubt«*, das ist die Aussage über ihn schon in 1. Mose 15, 6. Von dort her ist also das *»glaubte«* in seiner Bedeutung zu erfassen. Der hebräische Begriff hebt ganz klar das Vertrauen hervor. Glauben hat den Sinn von »fest vertrauen«, alles auf die Verheißung Gottes setzen. Es ist kein Werk und Handeln Abrahams gegeben, keine Leistung; vielmehr hat Gott an ihm gehandelt, er ist ihm begegnet und hat ihm die Verheißung gegeben, daß er, obwohl seine Frau schon »erstorbenen Leibes« war, von ihr noch einen Sohn bekommen würde. Und Abraham vertraute auf dieses Wort Gottes. Das ist Glauben, wie Martin Luther sagt: »Glauben heißt . . . daß ich all mein Vertrauen auf sein Wort setze.« Es ist keine Handlung des Abraham beschrieben, sondern seine Haltung zu Gott: er vertraute ihm. Er selbst hat keine besondere Qualität aufzuweisen, wie ja auch seine Berufung und Erwählung (vgl. 1. Mose 12, 1–3) gewiß nicht aus seinen Vorzügen begründet wird, es ist allein die freie Gnade Gottes, die solches tut.

So ist Abraham vor Gott recht, *»es ist ihm gerechnet zur Gerechtigkeit«*. Nicht er hat sich ein Verdienst vor Gott erworben *»es ist ihm gerechnet«* bezeugt die Bibel und das meint, Gott hat dieses Vertrauen des Abraham als Gerechtigkeit angerechnet, dadurch will er Abraham als gerecht ansehen. Es ist auch hierbei die freie Gnade Gottes, die das Vertrauen des Abraham annimmt und ihn durch dieses Vertrauen gelten läßt.

Die Galater, deren Glaube auf die Botschaft des Evangeliums antwortend, gleiches Geschenk der Gnade Gottes war, stehen damit in der Linie der Heilsgeschichte Gottes, schon seit Abraham. Dadurch wurde Abraham gerecht, daß er Gott glaubte und dadurch werden die Galater vor Gott recht, daß sie dem Evangelium glauben. So – und nicht anders. Das gilt es für sie zu *»erkennen«*, diese Einsicht verbindet die Glaubensleute im neuen Bund mit Abraham, ja sie macht sie zu *»Abrahamskindern«*. *»Die des Glaubens sind«*, Menschen, deren Grundhaltung eben dieses Vertrauen auf Gottes Wort, endgültig geoffenbart im Evangelium Jesu Christi ist, stehen in einer Linie mit Abraham. Sie sind »geistliche« Kinder des Abrahams, seine Nachkommen nach der Verheißung Gottes. Damit ist der Anspruch der Juden, leibliche Nachkommen Abrahams zu sein, nicht geleugnet. Wohl aber das, daß solche natürliche Abstammung etwas zum Heil nützen könnte. Paulus steht hier in einer Linie mit Johannes dem Täufer und Jesus selbst (vgl. Matth 3, 9; Joh 8, 31 ff.). Die Abstammung von Abraham ist tatsächlich ein großer Vorzug der Juden, aber diese große Gabe nimmt sie auch in große Verantwortung und stellt sie in ihrem Ungehorsam und falschem Vertrauen auf ihre eigene Kraft in das Gericht. Abraham hat den »Glauben« vorgelebt, aber Israel hat daraus weithin eine eigene verdienstliche Leistung gemacht.

3, 8+9: »Die Schrift aber hat es vorausgesehen, daß Gott die Heiden durch den Glauben gerecht macht. Darum verkündigte sie dem Abraham: ›In dir sollen alle Heiden gesegnet werden.‹ So werden nun, die des Glaubens sind, gesegnet mit dem gläubigen Abraham.«

Die Bibel, für Paulus hier das Alte Testament, *»die Schrift«* genannt, enthält den ganzen Heilswillen Gottes. Sie ist prophetisches Wort Gottes, indem sie auch seinen vollendeten Willen in den Verheißungen offenbart. Von 1. Mose 12, 3 aus ist diese Linie der Vollendung des Planes Gottes zur Erlösung zu sehen. Die christliche Gemeinde in Galatien, die christliche Gemeinde aller Zeiten, steht unter dieser Verheißung und ist Verwirklichung dieser Verheißung. So hat es die Schrift *»vorausgesehen«*, vor der Verwirklichung schon gesehen im heilsgeschichtlichen Weit- und Durchblick: *»Gott macht die Heiden durch den Glauben gerecht.«* Darum empfing Abraham diese Zusage, in 1. Mose 12, 3 aufgeschrieben: *»In dir sollen alle Heiden gesegnet werden.«* Dieses Verheißungswort Gottes ist der Anfang des Evangeliums. Bevor das Evangelium von Jesus Christus als die neue Wirklichkeit aufleuchtete, wurde es Abraham *»vorher angekündigt«*. *»Alle Heiden«*, die Völker der ganzen Welt, und das ist räumlich und zeitlich zu verstehen, *»sollen in Abraham gesegnet werden«*, sie werden alle den ihm zuteil gewordenen Segen bekommen. Dieser Segen für Abraham bestand zunächst in dem Geschenk eines Sohnes als Angeld für die Verheißung zahlreicher Nachkommen, und der Heilsgabe des Landes, das seine Nachkommen dann empfingen.

»Segen« meint in seiner wörtlichen Bedeutung »gut mit jemand reden«, ihn glücklich machen. Und das hat Gott mit Abraham getan, er hat gut mit ihm geredet. Dieses gute Reden gipfelt in der Zusage, daß Gott mit Abraham und seinen Nachkommen einen Bund schließt (1. Mose 15, 18; 17, 1–8) und das soll ein ewiger Bund sein. Hier ist mehr als Noah! Dort versprach Gott Fruchtbarkeit und Verschonung bis zum Ende der Weltzeit (vgl. 1. Mose 8, 21 ff.), nun antwortet er dem vertrauenden Abraham mit dem Versprechen seiner gnädigen, rettenden Gegenwart. Das ist die »gute Rede«, das »Glück« der Menschen und damit der Segen Gottes. Im Segensbund mit Abraham hat sich Gott festgelegt in seiner Treue, daß er gnädig sein will und wird. Die Erwählung Abrahams ist der Einsatz der Heilsgeschichte Gottes. Was durch die Predigt des Evangeliums in Galatien gewirkt wurde, das neue Leben unter der Gegenwart des Heiligen Geistes, das geschah in der Segenslinie, die mit Abraham begann. Alle *»die im Glauben«* sind, leben so unter dem Abraham zugesprochenen Segen, sie sind *»gesegnet mit dem gläubigen Abraham«. »Mit dem gläubigen Abraham«,* das heißt nicht, daß wir uns auf ihn verlassen könnten oder gar auf ihn verweisen könnten, sondern mit Abraham zusammen, genauso wie er.

So wie sich Gottes Gnade und Treue am vertrauenden Abraham erwies, so wirkt sie auch an denen, die ihm im Evangelium ihr Vertrauen schenken. Wir haben als Gemeinde Jesu Anteil am Segen Gottes. Das dürfen die Galater erkennen. Mit diesem Durchblick in die Heilsgeschichte Gottes, mit diesem Rückblick auf den Beginn der Segenslinie mit Abraham erweisen sich ihre Gemeinden als in der Kette des Segens stehend. Und daraus wollen sie ausbrechen?

VORSCHLAG ZUR BIBELARBEIT ÜBER GAL 3, 6–9

1. **Einleitung:**
   a) Was sagt das Alte Testament vom Segen Gottes? (Konkordanz)

   b) Wir klären die Bedeutung des Begriffes »Bund«. (Kommentar und Bibellexikon)

   c) Wir lesen 1. Mose 12, 1–5 und 1. Mose 15, 1–8. Was wird hier über Abraham gesagt?

   d) Wo stehen wir in unserem persönlichen Leben in der Kette des Segens?

   e) Mögliche Überschrift: »Gemeinde Jesu lebt in der Geschichte des Segens Gottes.«

2. **Durchführung:**
   Eingangsbeispiel: Wir wissen heute viel über Vererbung. Wir leben als natürliche Menschen in der Folge der Generationen. Wir sind nicht der Nullpunkt. Das gilt auch im Geistlichen. Dafür öffnet Paulus den Galatern den Blick. Sie leben in der Geschichte des Segens Gottes.

   a) Gottes Segen – geschenkt dem gläubigen Abraham
   Die Heilsgeschichte Gottes begann mit Abraham. Gott hat ihn in seiner freien Gnade erwählt. Nicht wegen seiner Qualitäten. Einzige Qualität Abrahams: Er vertraute Gottes Wort und Verheißung. Glaube ist volles Vertrauen. Wir haben das Wort und können vertrauen wie Abraham. Wir sind Abrahams Kinder, stehen in der Geschichte des Heils, die mit ihm begann. Gottes Segen an Abraham: Konkret in der Gabe des Isaak und in der Zusage großer Nachkommenschaft und der Gabe des Lan-

des. Das alles auf der Grundlage des Bundes Gottes. Bundesinhalt: Gott will gnädig sein. Nicht nur erhalten (Noahbund), sondern retten. Heilswille Gottes: »Wo die Sünde mächtig geworden ist, da ist die Gnade noch mächtiger« (Röm 5, 20). Das ist das Wunder: Gott gibt nicht auf, wendet sich nicht ab, sondern er läßt uns Menschen nicht.

b) Gottes Segen – verheißen allen Völkern
Die Erwählung des Abraham ist Berufung. Der Segen soll und darf weitergegeben werden. Segen Gottes ist nie nur für mich, sondern immer weiterzugebende Gabe. Mit Abraham beginnt das Rettungswerk Gottes. Und Abraham darf Mitarbeiter bei diesem Tun sein. Das Evangelium ist vorverkündigt. Gott hat in der Erwählung des Einen alle im Blick. Die Verheißung der Rettung ist Gottes Antwort auf das Anwachsen des Unterganges, verursacht durch die um sich greifende Sünde. *So* antwortet Gott. Die Verheißung ist kein Zwang. Israel verspielt die Verheißung. Warum? Sie lassen sich nicht in Dienst nehmen. Der Segen Gottes geht verloren, wo wir ihn eigensüchtig für uns behalten wollen. Gottes Verheißung darf durch unsere Mitarbeit verwirklicht werden.

c) Gottes Segen – verwirklicht in der Gemeinde Jesu Christi
Die Galater stehen in dieser Kette des Segens. Das dürfen sie zur Abwehr falscher Heilsangebote erkennen. Das biblische Wort steht unter dem Bogen von Verheißung und Erfüllung. Bild einer Brücke: Sie überspannt den Fluß (die Zeit) nicht auf einmal. Verschiedene Pfeiler gründen ein. Verheißungen erfüllen sich. So ist die Gemeinde Jesu der entscheidende Pfeiler in dieser heillosen Welt. Erfüllung dieser Rettungsverheißung ist die Vollendung der Gemeinde bei der Wiederkunft Jesu Christi, das vollendete Reich Gottes. So weit reicht der Heilsvorsatz

Gottes, der mit Abraham einsetzt. In diesem Blick Gottes stehen auch wir. Darauf dürfen wir vertrauen.

Schluß: Staffellauf: Das Stabholz weitergeben. Der wird disqualifiziert, der den Stab verliert: Gefahr der Galater. Die Gefahr der Gemeinde Jesu, wo sie das Evangelium aufgibt.

2.2. DEN ÜBERTRETER TRIFFT DER FLUCH DES GESETZES, 3, 10–14

3, 10: »Denn die mit des Gesetzes Werken umgehen, die sind unter dem Fluch. Denn es steht geschrieben: ›Verflucht sei jedermann, der nicht bleibt in alledem, was geschrieben steht in dem Buch des Gesetzes, daß er's tue‹.«

Die in der Nachfolge Jesu Christi leben, stehen in der Segensgeschichte Gottes. Menschen, *»die mit des Gesetzes Werken umgehen«*, leben unter dem Fluch. Paulus entfaltet in diesem Gegensatzpaar »Segen und Fluch« noch einmal die Unvereinbarkeit von Glaube und Gesetzeswerke. Das ist der Punkt, darum kreist er in diesem Brief und darauf kommt er immer wieder in zäher Beharrlichkeit zurück. Menschen, die *»aus dem Gesetz leben«* (so wörtlich), die also ihr Heil auf diesem Weg der Erfüllung der einzelnen Gebote suchen, *»die sind unter dem Fluch«*. Fluch ist das Gegenteil von Segen. Der Fluch Gottes ist eine Entziehung des Segens; er ist Weissagung des Unsegens und der Strafe Gottes. Die Bedeutung von Fluch können wir hier fast mit unserem Wort »Strafandrohung« wiedergeben. Das ist ganz nüchtern gesehen: Fluch hat es nicht mit Wut, Erregung und Rache zu tun, sondern es ist die Strafandrohung für den, der ein Gebot übertritt. Denn es gilt das Wort der Schrift, daß jeder, der das Gesetz nicht ganz erfüllt *»verflucht«* ist, daß ihn die Strafe Gottes mit vollem Recht trifft.

Die alttestamentliche Stelle, die Paulus hier anführt (5. Mose 27, 26) schließt eine Reihe von Fluchworten ab, die Israel unter Strafandrohung stellen, wenn sie einzelne, genau bezeichnete Übertretungen begehen. Das Gesetz ist nach alttestamentlichem Denken durchaus als erfüllbar gedacht (vgl. 5. Mose 28, 1 ff.). Doch gehört zu dieser Feststellung eine zweite: Das Gesetz ist keine Größe für sich, es ist Bundesgabe Gottes, also Bestandteil des Bundes, den Gott aus freier Gnade mit Israel geschlossen hat. Auch hier steht die Gnade vor dem Gesetz. Wer im Bund lebt, wer Gottes gnädige Erwählung als Geschenk annimmt und preist, der wird auch den Bundeswillen Gottes, geoffenbart in seinem Gesetz, in seiner Gnadengrundlage erkennen und gerne tun. Die zehn Gebote stehen bleibend unter dem unverzichtbaren Vordersatz, der Gnadenzusage Gottes: *»Ich bin der Herr, dein Gott . . .«* Auch wenn das Gesetz das böse Herz aufdeckt, wenn es »Erkenntnis der Sünde« wirkt (Röm 3, 20), dann vernichtet es doch nicht, sondern will Israel zur gnädigen Bundestreue Gottes führen. Das ist die Tragik, die Schuld Israels: Sie erkennen am Gesetz ihr böses Wesen, aber sie flüchten sich nicht in die Barmherzigkeit ihres Treue zusagenden Gottes, sondern sie wollen den Schaden ihres Herzens aus eigener Kraft, eben durch die Erfüllung des Gesetzes beheben.

»Wer nicht bleibt in all dem, was geschrieben steht«, das ist nicht nur ein Verweis auf den vollständigen Katalog einzelner Gebote, so sehr das mitgemeint ist. *»In alle dem«*, das bezeichnet auch und gerade den Bund Gottes, *»in dem«* Israel lebt und nur so leben kann. *»In alle dem«*, das meint die Bundesgeschichte, die in Abraham begonnen hat, mit den großen Taten und Wundern Gottes beim Auszug aus Ägypten, die am Sinai weiterging und beim Einzug in das Land Erfüllung gab. Das *»Tun des Gesetzes«* lebt vom »Tun Gottes«, von seinen Taten und Wundern an und für Israel, sonst ist es sinnlos und entleert.

Allerdings geht es Paulus hier auch um den Gedanken der vollständigen Hingabe an den Bund und Bundeswillen Gottes. Das ist geradezu ein Prüfstein für das Halten des

Bundes, daß Israel Gottes Willen ganz und ohne Auslassung oder Einschränkung anerkennt. Gerade weil sie Gottes Gesetz nicht nur in Bruchstücken oder Ahnungen haben, sondern ganz und umfassend, sind sie auch zu restloser Hingabe berufen. Eine selbstmächtige Ablehnung von Teilen des Willens Gottes im Gesetz würde die Grundlage des Bundes auf seiten Israels antasten. Sie sind ja ihrer selbst nicht mehr mächtig, sie leben ja nicht mehr aus eigener Kraft. Ihr Fortbestand, ihre Größe und ihr Wachstum sind von Gott garantiert.

Nicht das alttestamentliche Zeugnis vom Gesetz Gottes in seinem Bund und Jesu Verkündigung von dem in ihm erfüllten Gesetz klaffen biblisch als Gegensätze auseinander. Im Gegenteil, hier läuft eben die Linie der »Erfüllung« (vgl. Matth 5, 17–19); denn erst Jesus ist die volle Bundesgabe und Bundesverwirklichung. Der erste Bund ist geöffnet für den neuen Bund. Nein, der unerträgliche Gegensatz besteht zwischen dem selbstgerechten, vom Bund mit Gott gelösten Gesetzesverständnis und Gesetzeshandeln der Frommen Israels und dem Angebot der Erfüllung durch Jesus Christus. Israel hat die Gabe des Gesetzes abgelöst vom Geber, sich des Gesetzes bemächtigt und es so in seinem Zweck verloren. Darin gipfelte immer wieder die prophetische Verkündigung. Sie riefen das Volk zurück in den Bund, denn erst dort wird das Gesetz wieder lebendig und gibt Leben. Israel hat solche Verkündigung allzuoft in den Wind geschlagen und der Fluch des Gesetzes, die Strafe des Gesetzes, hat das Volk immer wieder an den Rand des Verderbens und Verlöschens gebracht. An Israel zeigt sich, wie schwer dem natürlichen Menschen, selbst dem von Gott gerufenen natürlichen Menschen, der Weg des Gesetzes ist. Er strauchelt darauf. Darum fährt Paulus fort:

3, 11 + 12: »Daß aber durchs Gesetz niemand gerecht wird vor Gott, ist offenbar; denn ›der Gerechte wird aus Glauben leben‹. Das Gesetz aber ist nicht ›aus Glauben‹, sondern ›der Mensch, der es tut, wird dadurch leben‹.«

Das ist die erste Lehre aus der Geschichte Israels, das wird *»offenbar«*, ist deutlich und klar ablesbar eben an dem Scheitern Israels: Durchs Gesetz wird niemand gerecht vor Gott. Die Sätze des Paulus sind keine theoretischen Sätze. Schon an der Segenslinie seit Abraham lenkt er den Blick auf die Heilsgeschichte Gottes. Und auch hier bei der Fluchgeschichte des Gesetzes haben wir deshalb heilsgeschichtlich zu denken. Das Schriftwort aus dem Propheten Habakuk (2, 4) unterstreicht diese, auf dem Wege der geschichtlichen Erfahrung, offenbar gewordene Einsicht: *»der Gerechte wird aus Glauben leben«*. Das ist die Antwort Gottes auf die erschütternde Klage des Propheten, daß die Chaldäer in schrecklicher Kriegsmacht alles verderben und vernichten. Soll auch Israel hier sein Ende finden? »Laß sie uns, o Herr, nur eine Strafe sein, und laß sie, o unser Fels, uns nur züchtigen« (Hab 1, 12), so bittet der Prophet. Und Gott antwortet: Ihr werdet überleben, ihr werdet nicht untergehen, wenn ihr im Vertrauen, im Glauben an mir festhaltet. Nicht treue Gesetzeserfüllung, vermehrte Frömmigkeit und rastloser Eifer werden Israel retten, sondern allein das flehende Vertrauen zu ihrem Gott. Sie können gerade nicht vor ihn kommen und einen Anspruch aufrechnen, etwa so: »Wir haben unseren Teil der Bundesverpflichtung völlig gehalten, nun tue auch du Gott dein Teil.« *»Aus Glauben«* dürfen sie rufen, »wir vergehen, du nur kannst uns retten.«

Sehr bewußt greift Paulus hier und im Römerbrief (1, 17) das Wort des Propheten Habakuk auf. Er sieht ihn sicher in seiner geschichtlichen Situation. Habakuk, wohl ein Zeitgenosse Jeremias, verzweifelt in der furchtbaren moralischen Not Judas und seinen wachsenden Übertretungen. Er sieht die drohende Macht der Chaldäer und zittert vor der verdienten Vernichtung. Er lebt in einem durch und durch sündigen Volk und kann gewiß keine Rechnung treuer Gesetzeserfüllung vorlegen. Dadurch kann keine Rettung kommen, nicht aus der Qualität des Volkes, aus seinen Gesetzeswerken. Die gibt es gar nicht mehr. In dieser aussichtslosen Not gibt ihm Gott Verheißung und Weisung für das Volk. Ihre Rettung kann nur noch *»im Glauben und aus Glauben«* geschehen. So ist das Wort des Habakuk Vorabbildung des neutestamentlichen Evangeliums von der Rechtfertigung des Sünders.

»Das Gesetz ist nicht aus Glauben«, noch einmal hält Paulus das unmißverständlich fest. Wo das Gesetz – und nun sagen wir es bewußt heilsgeschichtlich – in eigenmächtiges, verdienstliches Tun umgewandelt wird, da erstickt es allen Glauben, da zerstört es das Vertrauen zum Geber des Bundes und führt zu einem tödlichen Eigenvertrauen. »Wer es tut, wird dadurch leben«, diese Schriftstelle (3. Mose 18, 5) ist dort durchaus positiv gesagt. Aber eben dort ist auch deutlich sichtbar, worin solches Tun allein begründet sein kann. Sowohl vor diesem Satz, wie auch nach ihm steht die Bundeszusage Gottes: »Ich bin der Herr, euer Gott« (3. Mose 18, 46, 56). Nur solches Tun des Gesetzes, in dem Treuebund Gottes eingefügt, kann Leben schenken, alles andere gesetzliche Tun verwirkt das Leben. Deshalb ist dieser Satz *»der es tut, wird dadurch leben«* die Nennung des ständigen Scheiterns Israels.

Paulus geht diesen heilsgeschichtlichen Exkurs in die Fluchgeschichte des Gesetzes, um die Galater zu fragen: Wollt ihr ernsthaft diesen Weg des Scheiterns, wie ihn Israel vorgelebt hat, nachvollziehen? Wollt ihr wirklich aus der Freiheit der Kinder Gottes, wo nicht die Strafandrohung, sondern die Heilszusage Jesu Christi regiert, umkehren und euch aus der Segensgeschichte der erwählenden Gnade in die Fluchgeschichte des Scheiterns am Gesetz stellen? Das kann nicht sein. Der Blick auf Christus macht die Unmöglichkeit solcher Versuche überwältigend klar.

3, 13 + 14: »Christus aber hat uns erlöst von dem Fluch des Gesetzes, da er ward ein Fluch für uns, denn es steht geschrieben: ›Verflucht ist jedermann, der am Holz hänget‹, auf daß der Segen Abrahams unter die Heiden käme in Je-

sus Christus und wir den verheißenen Geist empfingen durch den Glauben.«

In Christus ist der Fluch des Gesetzes gebrochen; *»er hat uns erlöst von dem Fluch des Gesetzes«.* Wohlgemerkt, von dem Fluch des Gesetzes, von der ständigen Strafandrohung des Gesetzes und von dem Gericht über den Übertreter, nicht vom Gesetz überhaupt, wie oft so vorschnell gesagt wird. *»Er hat uns erlöst«,* im *»uns«* schließt sich Paulus anfangs mit seinen jüdischen Volksgenossen zusammen, denen zunächst und ausschließlich das Werben Jesu galt (vgl. Matth 15, 24). *»Erlöst«* heißt wörtlich »herausgekauft, losgekauft«, damit ist das Werk Jesu Christi umschrieben: Er hat das bezahlt, was der, der aus dem Gesetz lebt, zu zahlen, zu tun schuldig ist und was Israel immer schuldig blieb und weshalb es in die Schuldhaftigkeit der Sünde und des Bösen geriet. Christus bezahlt, er kauft die Gebundenen aus dem verdienten Gefängnis frei. Er bezahlt die aufgelaufene Schuld mit seinem eigenen Blut.

»Christus ward ein Fluch für uns« – damit ist dieser Loskauf beschrieben. Die Schuld wird nicht einfach durchgestrichen und für null und nichtig erklärt; sie muß bezahlt werden und Jesus hat das getan. Er steht in aller Härte und Deutlichkeit unter dem Fluch, unter der Strafe, dort am Kreuz. Über ihn, den Unschuldigen gilt das Wort des Gesetzes: *»Verflucht ist jedermann, der am Holz hänget«* (5. Mose 21, 23). Diese grausamste Strafe des Gesetzes wird an Jesus vollzogen. In dieser Auslieferung kommt die selbstherrliche, verderbliche Gesetzesfrömmigkeit Israels zu ihrem Gipfel. Israel zieht sich selbst das Gericht zu. Das ist die eine Seite des Kreuzes. Doch hier handelt Gott, er erfüllt am Kreuz seinen heilsgeschichtlichen Vorsatz der Rettung. Er opfert sich in seinem Sohn selbst *»für uns«,* er nimmt die Strafe des Gesetzes, seinen unabwendbaren Fluch auf sich, den wir auf uns geladen haben (vgl. Jes 53, 4 ff.). So versöhnt er die Welt mit sich selber (2. Kor 5, 19–21). »Er hat den, der von keiner Sünde wußte, für uns zur Sünde gemacht« (2. Kor 5, 21).

Damit ist dem Gesetz Genüge getan, die Heiligkeit Gottes, die die Übertreter des Gesetzes verflucht, bleibt am Kreuz gewahrt. Dadurch, daß der eine Schuldlose sich *»für uns«* alle dahingibt, sich opfert an unserer Stelle, die verdiente Strafe auf sich nimmt, dadurch ist der Fluch des Gesetzes an ein Ende gekommen. Jetzt beginnt der neue Bund, der Schlußabschnitt der Rettungsgeschichte Gottes: *»Der Segen Abrahams kommt unter die Völker in Jesus Christus«.* Ganz streng ist das festzuhalten: *»In Jesus Christus«* ist das geschehen und nur in ihm, in seiner Person und seinem Werk. Der Segen Abrahams, der ihm gegeben wurde »für die Völker«, war bis jetzt blockiert. Die Heiden hätten ja Juden werden müssen und das Gesetz halten, dort aber wären sie genauso wie Israel dem Fluch des Gesetzes verfallen. Nun ist durch Jesus der Fluch getragen und somit das Gesetz entmächtigt. Nun ist eben in der Nachfolge Jesu die volle Segenslinie für alle angeboten. Viel mehr als reiche Nachkommenschaft und die Gabe des Landes bringt dieser Segen in Jesus Christus: Der verheißene Geist, der neuschaffende, umwandelnde Geist Gottes ist die Segensgabe des neuen Bundes (vgl. 3, 1–5). Der Geist, der die steinernen Herzen zum Leben erweckt, die erstorbenen Gewissen auf Jesus ausrichtet und »Tote« lebendig macht. Und diesen Geist empfangen die Völker, empfangen wir alle ohne gesetzliche Leistung, vermittels des Glaubens, in kindlichem vertrauendem Bitten. Das Gesetz als Heilsweg ist erledigt. Auf diesem Weg hat sich uns die tödliche Kraft des strafenden Fluches erwiesen. Der Weg zum Heil ist offen im Glauben an Jesus Christus. Der Segen Abrahams, der im verheißenen Geist besteht und im Glauben an den auferstandenen Christus empfangen wird, weitet sich auf alle Völker aus.

VORSCHLAG ZUR BIBELARBEIT ÜBER GAL 3, 10–14

1. Einführung

a) Einstiegsfrage: Kann der Mensch die 10 Gebote einhalten?

b) Welche Rolle spielt die Strafe im Neuen Testament? (Konkordanz)

c) Wir besinnen uns ganz persönlich: Sitzt nicht in uns die Angst vor Strafe von Gott? Was heißt das, die Strafe liegt auf Jesus Christus?

d) Mögliche Überschrift: »Segen oder Fluch«

2. Durchführung:
Einleitung: Biblische Erzählung von Jos 24, 1–25. Die Wahl, vor die Israel gestellt ist, von der Segen oder Fluch abhängt: Dienst dem Herrn oder Eigendienst. (Möglich ist auch 5. Mose 30 als Grundlage).

a) Trotz aller Anstrengung – gescheitert
Israel nimmt das Gesetz ganz ernst. Doch das Gesetz gehört in den Bund. Wo der Herr des Bundes vergessen wird, da wirkt das Gesetz tödlich. Israel bricht den Bund, hält sich aber am Gesetz. Wieviel bürgerliche Wohlanständigkeit und Pflichterfüllung geschieht auch heute ohne Gott! Das wird zur Täuschung: »Ich bin schon recht und brauche niemand zu scheuen.« Doch das führt ins Gericht, in den Fluch. Wie bei Israel. Wer einmal mit dem Gesetz anfängt, muß auch alles halten. Er kommt in größte Anstrengung und versagt doch. Die eigene Kraft scheitert, wie bei Israel, so bei uns. Das Gesetz ist nicht böse, aber das menschliche Herz; dadurch wirkt das Gesetz Scheitern. Doch das Scheitern ist Chance. So sieht es Habakuk (2, 4).

b) Mit aller Anstrengung – gesucht
Der Fluch des Gesetzes, die verdiente Strafe will zum Vertrauen, zum Glauben rufen. Habakuk lebt in einem sündigen Volk. Gott will sie nicht vernichten, er will ihnen durch die Strafe (Chaldäer) den Glauben anbieten. Heute am Kreuz Jesu Christi.

Dort wird die Fluchmacht des Gesetzes gebrochen. Das ist die Anstrengung Gottes: er versöhnt in Jesus die Welt mit ihm selber. Dort geschieht Loskauf. Rettung vor verdientem Untergang. Jesus wird zum Fluch für uns. Die Strafgewalt des Gesetzes bringt ihm den Tod, damit wir leben. Gottes Heiligkeit bleibt gewahrt. Die Sünde ist zu ernst, denn sie ist todbringende Macht. Da kann man nicht einfach fünfe grad sein lassen. Diese Macht bricht sich am Christus Gottes und wird so entmächtigt. Wie eine Welle am Deich. Dahinter lebt man sicher.

c) Ohne alle Anstrengung – gesegnet
So kommt Gottes Heilswille zum Ziel, der Segen Abrahams wird inhaltlich und räumlich ausgeweitet, erfüllt. »Ohne« mein Verdienst und Würdigkeit bietet uns Gott in Jesus die Rettung an: Seinen Geist, der neues Leben schafft, der aus der Knechtschaft in die Freiheit ruft, der aus dem Tod ins Leben führt. Das fällt uns so bitter schwer: Unsere Anstrengung ist nicht gefragt, weil Gott alles getan hat. Rettung beginnt mit dem Sich-beschenken-lassen. Das heißt, »durch den Glauben«: zugreifen, ohne daß wir etwas vorweisen oder zurückzahlen könnten. Der Segen Gottes will, daß wir leben, ausgeweitet: ewig leben.

Schluß: Wir werden Kinder Gottes. Jesus sagt: So ihr nicht werdet wie die Kinder, so werdet ihr nicht ins Reich Gottes kommen.

3. DIE AUFGABE DES GESETZES, 3, 15–29

Warum ist aber die Verheißungs- und Segenslinie »Abraham – Christus« durch das Gesetz, das dann doch nur Fluch wirkt, unterbrochen? Ist es überhaupt eine Unterbrechung oder ein Umweg? Hebt das Gesetz die Verheißung und den Segen sogar auf? Diese Fragen entstehen bei der heilsgeschichtlichen Sicht. Und Paulus weicht nicht aus. In dem folgenden Abschnitt (3, 15–29) geschieht tiefgründige biblische Lehre. Der Apostel bezeugt auch durch die Gabe des Gesetzes den unabänderlichen Heilswillen Gottes. Paulus denkt und lehrt heilsgeschichtlich. Das ist der Schlüssel zum Verständnis der Offenbarung Gottes in seinem Wort.

3.1. DAS GESETZ MACHT DIE VERHEISSUNG UND DEN SEGEN NICHT HINFÄLLIG, 3, 15–18

3, 15: »Liebe Brüder, ich will nach menschlicher Weise reden: Man hebt doch eines Menschen Testament nicht auf, wenn es bestätigt ist, und tut auch nichts dazu.«

In neuem Anlauf bemüht sich Paulus um die Galater. Sowohl in der Anrede *»liebe Brüder«*, wie auch in der Verdeutlichung des Gemeinten durch ein alltägliches Beispiel, nämlich das Testament eines Menschen, kommt sein Werben zum Ausdruck. Paulus *»will nach menschlicher Weise reden«*, er will mit einem bekannten Vorgang aus dem Rechtsleben sein Argument verdeutlichen. Der letzte Wille eines Menschen, in rechtsgültiger Form des Testamentes schriftlich niedergelegt, kann und soll nicht ungültig gemacht werden. Auch eine nachträgliche Änderung, ob als Zusatz oder als völlig andere Fassung, ist nicht mehr möglich. Das weiß jeder. Wer anders handelt, vergeht sich und betrügt. Wenn das schon bei Menschen gilt, wieviel mehr gilt das für Gott selbst. Paulus zieht diesen Schluß nicht gleich; er benennt zunächst Gottes Testament und worin es besteht.

3, 16: »Nun ist die Verheißung Abraham zugesagt und ›seinem Nachkommen‹. Es heißt nicht: und den Nachkommen, als gälte es vielen, sondern es gilt einem: ›und deinem Nachkommen‹, welcher ist Christus.«

Der letztgültige Wille Gottes, sein Testament, das sind *»die Verheißungen an Abraham«*, die er ihm *»zugesagt«* hat. Schon am Anfang seines Rettungswerkes, am Beginn der Heilsgeschichte legt sich Gott ein für allemal fest. Ein Testament wird sonst erst am Lebensende gemacht. Gott gibt seinen endgültigen Willen schon zu Beginn der Erwählungsgeschichte bekannt. Er ist der treue Gott, der sich selber treu bleibt, das wird hier sichtbar. Und nun liest Paulus die Schrift heilsgeschichtlich oder wie Luther sagt, auf das hin »was Christum treibet«. Gottes Geist öffnet ihm diese Schriftstelle (1. Mose 22, 18). Diese christologische Auslegung ist nicht eine mögliche Form, vielleicht sogar eine speziell dem Paulus nützlich erscheinende Form der Schriftauslegung. Es ist der heilsgeschichtliche Schlüssel zur Schrift, der allein den Zugang öffnet und Tiefe und Reichtum der Verheißungen erst enthüllt. Christus ist der Schlüssel zur Bibel. »Heilsgeschichtlich« meint deshalb nichts anderes, als christozentrisch (auf Jesus Christus ausgerichtet) die Schrift verstehen. Das lehrte Jesus seine Jünger, als er auferstanden war und den beiden enttäuschten Jüngern auf dem Weg nach Emmaus die »Schrift öffnet«, »da fing er an bei Mose und allen Propheten und legte ihnen in der ganzen Schrift aus, was darin von ihm gesagt war« (Luk 24, 27). Diesen christozentrischen Schlüssel hält er auch den jüdischen Frommen entgegen. Sie lesen zwar die Schrift, aber sie erkennen nicht, daß sie es ist, »die von ihm zeuget« (Joh 5, 39, 40).

Die Verheißungen werden Abraham gegeben *»und seinem Nachkommen«*. Paulus betont die Einzahl, die hier sehr bewußt gesetzt ist. Er nimmt die Schrift wörtlich ernst. Die Verheißungen an Abraham, gipfeln in der Bundeszusage unter dem Treueversprechen, »ich will dein Gott sein« (vgl. 1. Mose 17, 1–8). Das ist das *»Erbe«* (V. 18), der Segen in Fülle, der Abraham gegeben ist und *»seinem Nachkommen«*. Die Segensgaben der Fruchtbarkeit und der Landbesitz sind Konkretionen der *einen* Segensgabe, der unerschütterlichen Gnadenszuwendung Gottes, und die gipfelt im Christus. In ihm legt sich Gott vor aller Augen und für alle Augen geschichtlich greifbar fest: Christus stirbt am Kreuz – das ist endgültige Verwirklichung des Testamentes Gottes: *»Ich will euer Gott sein.«* Die Verheißung ist nicht durch Israel erfüllt und auf Israel beschränkt, obwohl dieses Volk solche Zusage Gottes oft angeboten bekommen hat, ihm aber nicht glaubte. Die Verheißung ist im Christus und durch Christus erfüllt, und dadurch allen Völkern, auch den Heiden, gegeben. Christus ist der Nachkomme Abrahams, auf den alle Verheißungen zulaufen und in dem sie alle Erfüllung finden. Im Glauben werden die Völker dann zu »Miterben Christi« (vgl. Röm 8, 17). Das ist der heilsgeschichtliche Wille Gottes. Nachdem das Testament Gottes – der Inhalt und der Verwirklicher des Testamentes Gottes aufgezeigt sind, zieht Paulus die Folgerung aus diesem alltäglichen Beispiel (V. 15). Im Hintergrund steht ja die Frage, ob durch die Gabe des Gesetzes dieses Testament Gottes abgeändert oder gar aufgehoben wurde. Nun antwortet der Apostel:

3, 17+18: »Ich meine aber dies: Das Testament, das von Gott zuvor bestätigt ist, wird nicht aufgehoben durch das Gesetz, welches vierhundertdreißig Jahre hernach gegeben ist, so daß die Verheißung zunichte würde. Denn wenn das Erbe durch das Gesetz erworben würde, so würde es nicht durch Verheißung gegeben; Gott aber hat es Abraham durch Verheißung frei geschenkt.«

Nun wird das Beispiel angewandt. Die erste Folgerung ist: *»Das Testament wird nicht aufgehoben durch das Gesetz.«* Das ist der Hauptsatz. So wie eines Menschen Testament unumstößlich ist, so ist auch der Wille Gottes unumstößlich. Das Gesetz kann nicht ungültig machen, was Gott gegenüber Abraham lange vorher ein für allemal gültig erklärt hat. *»Bestätigen«* und *»ungültig machen«*, das ist im Griechischen dasselbe Wort, nur mit verschiedenen Vorsilben. Es ist ein Wort aus der Rechtssprache und meint eben die unumstößliche Rechtsgültigkeit. An der Geltung dieser Willensverfügung Gottes von unbedingter Rechtskraft ändert das viel später ergangene Gesetz nichts. Die ursprüngliche und unerschütterliche Gottesordnung ist die Gnadenverheißung der Glaubensgerechtigkeit. »*Vierhundertdreißig Jahre später*« ist das Gesetz gegeben. Es sind geschichtliche, heilsgeschichtliche, feststehende Daten, auf die Paulus sich beruft. Gottes Heilsgeschichte mit Abraham ist ein Vorgang in der Geschichte dieser Welt, sowie auch die Übergabe des Gesetzes. Das spielt sich nicht im erdachten, ersonnenen, geschichtslosen Raum menschlich, religiöser Denksysteme ab, sondern in der Wirklichkeit der Weltgeschichte. Mit dieser Zeitangabe nimmt Paulus die Schrift auf (vgl. 2. Mose 12, 40 ff.) und traut damit auch ihren historischen Angaben. Wir lernen ihn in diesem Abschnitt als äußerst genauen Hörer auf die Schrift kennen, der sie ganz ernst nimmt, ihr im Vertrauen entgegentritt und sich die Schrift von Christus her öffnen läßt.

Das soviel später gegebene Gesetz »*vernichtet*« die Verheißung nicht, diesen starken Ausdruck gebraucht der Apostel. Wäre das der Fall, so würde Gott sich selbst entgegentreten und seine Treue brechen. Das Gesetz verhilft aber auch nicht in irgend einer, vielleicht ergänzenden Hilfestellung zum »*Erwerb des Erbes*«. Der Grundgegensatz von Gesetz und Verheißung, Fluch und Segen, schon einmal benannt (vgl. 3, 10–12), bleibt bestehen. Nur durch die Verheißung hat ein Mensch teil am Segen, bekommt er das »*Erbe*«. Grundbedeutung dieser Worte im Griechischen ist »das Zugeloste«, zum Beispiel das Stück Land, das dem Einzelnen in der Verlosung zufällt. Dahinter steht der geschichtliche Vorgang (vgl. Jos 14, 2 ff.), als das Land Kanaan auf Anordnung Gottes den einzelnen Stämmen Israels durch Los zugeteilt wurde. Mit diesem Wort »zugelost« für »*Erbe*« wird ein dreifaches hervorgehoben: Dieses Erbe ist zum Ersten nicht durch irgend eine Eigenleistung erworben, sondern ist eine freie, geschenkte Zuteilung von Gott her. Es ist zum Zweiten rechtmäßig zugeteilt, niemand kann sich über unlautere Machenschaften beklagen und keiner kann sich benachteiligt vorkommen. Dieses »*Erbe*« ist dem Zugeteilten sicher; es gehört ihm und niemand sonst, das ist das Dritte.

Darum ergibt sich schon vom Begriff her, dieses Erbteil kann nicht durch Eigenleistung auf dem Weg der Gesetzeserfüllung erstrebt und gewonnen werden, sonst *»würde es nicht durch Verheißung gegeben«*. Aus der erfüllten Segensverheißung in Jesus Christus wird dem Menschen dieses Los frei und unverdient zugelost, geschenkt. So hat es Gott dem Abraham *»durch Verheißung frei geschenkt«*. *»Aus dem Gesetz«* und *»aus Verheißung«*, so bezeichnet Paulus in immer neuen Gegensatzpaaren die Unvereinbarkeit der Gerechtigkeit aus den Werken des Gesetzes mit der geschenkten Gerechtigkeit im Glauben an Jesus Christus (vgl. auch Röm 4, 13 ff.).

Die Verheißung, der Segen Gottes, kann nicht durch das Gesetz ergänzt werden. Diese beiden Quellen fließen nicht zusammen. Das lehrt der heilsgeschichtliche Blick auf Abraham. Er hat diese Verheißung ohne Gesetz empfangen. Ihm gegenüber hat sich Gott letztgültig festgelegt. Das kann durch das Gesetz nicht verändert werden, wie schon das menschliche Testamentsrecht illustriert. Die Heils- und Segenslinie Abraham-Christus bleibt ungebrochen.

Um so dringlicher stellt sich dann aber die Frage nach Sinn und Aufgabe des Gesetzes, der Paulus im folgenden Abschnitt (3, 19–22) nachgeht.

VORSCHLAG ZUR BIBELARBEIT ÜBER GAL 3, 15–18

1. Einleitung:

a) Wir lesen Josua 14, 2–5 und 4. Mose 32. Was erfahren wir über die Verteilung des Landes? Wie ist die Haltung der Stämme Ruben, Gad und Manasse zu verstehen?

b) Wir lesen Römer 4, 13–25. Wie wird hier unser Abschnitt vertieft?

c) Selbstprüfende Frage: Wollen wir auch das ganze Erbe Gottes? Wie oft geben sich Christen mit so wenigem zufrieden.

d) Mögliche Überschrift: »Das Testament Gottes heißt Gnade.«

2. **Durchführung:**
Einleitung: Wir greifen das eindrückliche Beispiel vom rechtsgültigen, unabänderlichen, menschlichen Testament auf. So handelt auch Gott.

a) Das Testament Gottes – schon am Anfang gemacht
Der »letzte Wille« eines Menschen wird oft erst kurz vor dem Tod gemacht. Schon auf den ersten Seiten der Bibel (1. Mose 12, 1–6) gibt Gott seinen »letzten Willen« bekannt. Das hat er unumstößlich gemeint. Gottes Treue ist der Grund durch die Heilsgeschichte hindurch, nie die Qualität irgend eines Menschen oder Volkes. Seine Treue kennzeichnet sein Wesen. Dabei kann man ihn behaften. Wir brauchen keine Angst vor Gott zu haben, daß er sich anders besinnt, wir dürfen an seiner Treue uns festklammern. Heilsgeschichte ist Treuegeschichte. Unsere persönliche Heilsgeschichte ist Gottes Treuegeschichte zu uns, trotz unserer Untreue. Hier liegt der »objektive« Grund unserer Heilsgewißheit, in Gottes Testament.

b) Das Testament Gottes – durch das Gesetz nicht aufgehoben
Der Hauptsatz über das Gesetz: Der Wille Gottes wird dadurch nicht geändert. (Dieser Teil kann bewußt kurz gehalten werden, die Ausführung kommt in 3, 18–22). Das ist eine wichtige Erkenntnis. Das Gesetz ersetzt die Verheißung der Glaubensgerechtigkeit nicht. Gott hat uns zu Erben gerufen. Erbteil wird zugelost – Verweis auf Josua 14, 2ff. Drei Hervorhebungen: Keine Eigenleistung, rechtmäßig zugeteilt, als bleibender Besitz. Die Anfechtung unseres Ungenügens, unter dem Gesetz gewonnen,

macht das Erbteil nicht zunichte. Hier ist Entscheidung gesetzt. Gesetz und Gnade gehen nicht zusammen. Ergänzen sich auch nicht. Eigenleistung und Geschenk der Gnade stehen in radikalem Gegensatz. Gott will bei seinem Testament behaftet werden.

c) Das Testament Gottes – im Sohn erfüllt
Das Alte Testament ist christozentrisch zu lesen. Hier ist der Schlüssel zur Schrift. Verweis auf Luther. Beachten wir die drei Auslegungsmerkmale des Paulus: Heilsgeschichtlich, christozentrisch, wörtlich. Der Nachkomme Abrahams. Nicht auf Israel zu deuten, sondern Einzahl: auf Jesus hin. Das Erbteil ist die uns geschenkte Gerechtigkeit aus Glauben durch Jesus Christus. Das ist das unverzichtbare Fundament christlichen Glaubens und Lebens. Nimm den Sohn weg und es bleibt nichts. In ihm kommt die Segensverheißung an Abraham zur Erfüllung. Christus ist der »letzte Wille« Gottes. »Er hat am letzten geredet durch den Sohn« (Hebr 1, 1 + 2).

Schluß: Unsere Botschaft ist Christusbotschaft, aber sie ist keine »christliche« Botschaft.

3.2. DAS GESETZ IST HINZUGEKOMMEN WEGEN DER SÜNDE, 3, 19–22

3, 19: »Was soll nun das Gesetz? Es ist hinzugekommen um der Sünden willen, bis der Nachkomme da sei, dem die Verheißung gilt, und zwar ist es verordnet von Engeln durch die Hand eines Mittlers.«

Nun wird die Frage nach dem Sinn des Gesetzes gestellt und beantwortet. *»Es ist hinzugekommen um der Sünden willen«*, das ist die erste Antwort. Das Gesetz ist hinzugefügt; es war nicht ursprünglich da, vierhundertdreißig Jahre später kam es hinzu. *»Hinzugekommen«* ist aber nicht nur im zeitlichen Sinn zu verstehen, das ist auch inhaltlich gemeint. Die Verheißung Gottes geht dem Gesetz zeitlich, inhaltlich und sachlich voraus. Das Gesetz steht nicht in der Kette der Verheißung, sondern daneben (vgl. Röm 3, 19ff.).

Das ist für jüdische Ohren eine unerhört provozierende Feststellung. Die bis heute im Judentum gegen Paulus bestehende Ablehnung liegt hier begründet. Der fromme Jude bekennt, daß das Gesetz zu den sieben Dingen gehört, die vor der eigentlichen Schöpfung des Kosmos geschaffen wurden. Paulus sagt dagegen: *»Es ist hinzugekommen«*. Warum aber? Und hier kommt die zweite Antwort: *»um der Sünden willen«*, wörtlich: »um der Übertretungen willen«. Im Gesetz liegt also eine Antwort Gottes auf den Ungehorsam Israels vor. Um diese Stellung des Gesetzes ganz klar zu machen, sagen wir einmal einen Augenblick spekulierend: Wäre Israel im Glaubensgehorsam Abrahams geblieben und hätte der Verheißung vertraut, so wäre das Gesetz nicht nötig gewesen. Dort ist der Ort des Gesetzes, beim Ungehorsam und der Untreue Israels, denken wir nur an die erschütternde Geschichte vom Abfall Israels, als Mose das Gesetz empfing, und das Volk um das goldene Kalb tanzte (vgl. 2. Mose 32).

Doch meint dieser Satz *»um der Übertretungen willen«* nicht zuerst den Gedanken, nur den Ungehorsam des Volkes zu strafen und einzudämmen. Gewiß ist das Gesetz Gottes auch ein Schutzzaun zur Abwehr des Bösen. Wir müssen das heute in einer Zeit der Gesetzlosigkeit, des offenen Widerspruchs gegen die Gebote Gottes in Staat und Gesellschaft wieder ganz klar sagen und bezeugen: »Wer die Gebote Gottes übertritt, der geht in sein Unglück. Er verläßt die durch Leitplanken sicher gemachte Straße, er überfährt den durchgezogenen Mittelstrich und wird einen Unfall haben. Die Gebote Gottes schützen, sichern und erhalten das Leben, wohlgemerkt ›das irdische Leben‹, und wehren dem Bösen.« Das ist so. Doch Paulus, in seinem heilsgeschichtlichen Durchblick, will hier etwas anderes betonen (vgl. auch Röm 4, 15; 7, 13): Erst das Gesetz macht die Übertretung zu einer offenkundigen, nicht mehr wegzuleugnenden Tatsache. Die Übertretungen, die Sünden des Ungehorsams, des Götzendienstes und des Widerspruchs waren längst da; nun macht sie das Gesetz offenkundig, die Sünde wird zur Entfaltung und Erscheinung gebracht. Und das nicht nur in dem Sinn, daß der Mensch sich unter dem Gesetz als Sünder erkennt, sondern die Sünde wird zur Erscheinung gebracht in der Weise, daß erst das Gesetz die Übertretungen in der Fülle hervorgetrieben hat, nach dem etwas platten und doch wahren Satz: »Erst was verboten ist, reizt zur Übertretung.« So entfaltet sich in den einzelnen Übertretungen die Grundsünde des Ungehorsams und Götzendienstes, des Unglaubens und das eben durch das Gesetz.

Diese zweite Antwort ist erschütternd. Jede Gesetzesfrömmigkeit ist hier schon im Ansatz bis ins Mark getroffen. Das Gesetz ist schon von seinem Ursprung und von seiner Zweckbestimmung her kein Weg, um die Sünde zu besiegen und zu überwinden. Im Gegenteil: Erst durch das Gesetz entfaltet sich die Sünde in allen Lebensbereichen, in einzelnen Übertretungen. Das Gesetz tötet die Sünde nicht ab, es entfaltet sie. Wie aussichtslos ist dann der Weg, durch Halten des Gesetzes zum Heil zu kommen! Geschichtlich ist dieser Tatbestand am Weg Israels zu erläutern: Israel ist nie so weit gegangen, den Bund Gottes mit Abraham, die Verheißung und den Segen zu verwerfen. Sie haben daran immer festgehalten, aber nicht im vertrauenden Glauben gelebt. Sie folgten Mose, sie ließen sich Gottes große Rettertaten am Schilfmeer, bei der Wüstenwanderung und bei der Eroberung des Landes wohl gefallen, aber sie »glaubten« Gott nicht. Die Ursünde des Ungehorsams prägte ihr Denken und Handeln und zeigte sich in vielen konkreten Situationen des murrenden Volkes. Nun kam das Gesetz und Israels Sünde wurde offensichtlich, schon am ersten Gebot, und die Übertretungen mehrten sich. Sie nahmen das Gesetz in ihre Gewalt, formulierten es aus in 613 Geboten und Verboten. 613 Gelegenheiten zum Übertreten! Je genauer die Gebote unterteilt wurden, desto mehr Wege wurden gesucht und gefunden, diese Gebote zu umgehen und damit zu übertreten (vgl. Jesu Vorwurf an die Pharisäer, Mark 7, 1–13).

Noch eine dritte Antwort gibt Paulus in unserem verdichteten Vers (19): Das Gesetz ist nicht nur später hinzugekommen, es ist auch zeitlich befristet, nämlich *»bis der Nachkomme da sei, dem die Verheißung gilt«*. Das Gesetz ist zeitlich begrenzt, bis Jesus Christus kommt. Hier kommt die heilsgeschichtliche Sicht klar zum Zuge: Das Gesetz gilt bis zum Christus, er ist der, *»dem die Verheißung gilt«*. Beachten wir das genau: Nicht Israel, nicht wir alle sind ursprünglich Empfänger der Verheißung, Christus allein ist der Verheißungsempfänger. Er hat die Zusage der ungebrochenen Gemeinschaft mit Gott, er hat die Zusage der vollen Segensgabe und er hat die Gabe der vollen Gerechtigkeit. Wir werden zu Empfängern der Verheißung nur durch die Verbindung mit Christus und in keinem Fall ohne oder außerhalb ihm. *»Bis der Nachkomme da sei«*, mit Jesus Christus ist die Zeit des Gesetzes zu Ende. An ihm erweist sich das Gesetz als Neben- und Sackgasse der Rettung, in der jeder scheitert, der nicht den Weg Jesu betritt. Das Gesetz ist nicht »ewig«, wie der fromme Jude bekennt, es ist in Christus am Ende. Nach Jesu Kommen gilt ein »erfülltes« Gesetz. Er schafft das Gesetz nicht ab, erklärt es auch nicht als null und nichtig, aber Jesus zeigt die sündenaufdeckende Bedeutung des Gesetzes, wie es den Menschen auf das »Eine, was fehlt« hinführt, nämlich die vertrauende Liebe zu Gott (vgl. Mk 10, 17–23).

Und endlich noch in einer vierten Antwort geht Paulus auf die Frage nach dem Sinn des Gesetzes ein: *»Es ist verordnet von Engeln durch die Hand eines Mittlers«*. Er hat sein Evangelium »durch eine Offenbarung Jesu Christi (Gal 1, 12)«. Paulus ist vom Herrn selbst gelehrt. Die alttestamentlichen Berichte über den Empfang des Gesetzes berichten zwar auch vom *»Mittler«* Mose, doch nicht ausdrücklich, daß Engel das Gesetz *»angeordnet«* hatten. Wohl ist von Blitz, Posaunen und Donner berichtet (vgl. 2. Mose 19 u.

23, 20ff.) und diese Phänomene werden in der Bibel oft auf das Auftreten von Engeln zurückgeführt. Aber auch Stephanus (vgl. Apg 7, 53) und der Hebräerbrief (vgl. Hebr 2, 2) bestätigen das Zeugnis des Paulus. Es sind also zwei »Stationen« zwischen Gott und dem Gesetz bei der Übergabe an das Volk, einmal die Engel und dann der Mittler Mose. Damit aber wird auch von daher das Gesetz in seiner Bedeutung relativiert: Es ist Gott nicht so »wichtig«, daß er es persönlich überreicht, er läßt es im Auftrag überreichen. Das Gesetz hat so auch von daher gegenüber der Verheißung Gottes an Abraham einen geminderten Charakter. Dieses betont und unterstreicht wohl auch der schwierige Vers 20:

3, 20: »Der Mittler aber ist nicht eines Einzigen Mittler, Gott aber ist nur Einer.«

Ein *»Mittler«,* eine Zwischeninstanz ist nur dann notwendig, wenn zwei miteinander einen Vertrag schließen wollen. Wo ein Einziger seinen letztgültigen Willen bekannt gibt, braucht es keinen Mittler. Er kann das in souveräner Einzigartigkeit tun, ohne auf andere irgendwie angewiesen zu sein. So souverän und selbstherrlich handelt Gott bei seinem Testament an Abraham, ohne auf ihn, seine Qualitäten und seine Verdienste zu schauen, nicht aber beim Gesetz, hier handelt Gott nicht »eigentlich«. Er läßt handeln, durch Engel und durch Mose. Damit ist das Gesetz deutlich vom rechtsgültigen, unabänderlichen Heilswillen Gottes unterschieden, ja diesem weit untergeordnet.

Es gibt zwei weitere Auslegungsmöglichkeiten: Einmal könnte der Satz so verstanden werden, daß die Menge der Engel einen Vermittler bräuchte, nämlich Mose. Dann wäre festgestellt, daß Gott nicht selber geredet hat, denn er braucht keinen Vermittler. Oder aber betont der Begriff Mittler den Riß zwischen Gott und dem trotzigen Volk. Gott wollte dann nicht mit dem ungehorsamen Volk selber reden, sondern nur durch Mose.

Auch diese Auslegungen sind möglich. Wichtig ist uns als Aussage des Paulus: Das Gesetz ist nicht Gottes »eigentliches«, letztgültiges Werk.

3, 21+22: »Wie; ist denn das Gesetz wider Gottes Verheißungen; das sei ferne: Denn nur, wenn ein Gesetz gegeben wäre, das da könnte lebendig machen, käme die Gerechtigkeit wahrhaftig aus dem Gesetz. Aber die Schrift hat alles beschlossen unter die Sünde, auf daß die Verheißung durch den Glauben an Jesus Christus gegeben würde denen, die da glauben.«

Das Gesetz tut also ein Doppeltes: Es legt fest, was Sünde ist und bringt diese Sünde in den Übertretungen zur Entfaltung, aber es kann den Menschen nicht von der Sünde befreien. Es stellt die Diagnose, kann aber keine bleibende Therapie anbieten. Daran zeigt Paulus immer wieder den unvereinbaren Gegensatz von Gesetz und Verheißung auf. *»Wie; ist denn das Gesetz wider Gottes Verheißungen;«* nach allem was Paulus bis jetzt gesagt hat, müßte er antworten: »Ja, so ist es.« Gesetz und Verheißung schließen sich aus. Doch Paulus vertieft hier die Fragestellung. Im Anschluß an die Bestimmung des Gesetzes vorher (3, 19+20) könnte der Gedanke entstehen, das Gesetz sei sogar gegen Gottes Heilswillen, vielleicht sogar ein gegen Gott gerichtetes Böses. Diesen Gedanken erhebt wenige Jahrzehnte später der Irrlehrer Markion sogar zur Lehre. Er schiebt das Gesetz dem Wirken eines zweiten Gottes zu, der gegen den »Gott der Liebe«, den Gott der Gnade steht.

Darum antwortet Paulus jetzt: *»Das sei ferne:«* Wer so etwas lehrt, der irrt. Das Gesetz hat sehr wohl seinen Ort in der Heilsgeschichte Gottes, es hat göttliche Autorität; nur in der Frage der Gerechtigkeit vor Gott steht es im Gegensatz zu der Verheißung, also in der Zielangabe. Das kann das Gesetz nicht, es kann nicht *»lebendig machen«*, es kann den Menschen nicht von der tödlichen Krankheit der Sünde heilen. Es kann diese fressende, vernichtende Krankheit aufdecken, aber dann hat es die schlimme Wirkung, daß der Todkranke sich nur immer mehr in die Krankheit hineinverstrickt. Die *»Gerechtigkeit«*, die Heilung, das Heil Gottes kommen nicht durch das Gesetz.

Und doch hat es einen heilsgeschichtlichen Ort und Zweck. Das Gesetz ist gewiß nicht gegen Gott. Die *»Schrift«*, sagt Paulus, *»hat alles zusammen eingeschlossen unter die Sünde«*. *»Die Schrift«*, damit meint Paulus das ganze Alte Testament oder wie Jesus sagt »das Gesetz und die Propheten« (Matth 5, 17). Das ist das erschütternde Zeugnis des ganzen Alten Testaments, wie es schon 1. Mose 6, 5 ausgesprochen wird (vgl. 1. Mose 8, 21; Röm 3, 23): »Das Dichten und Trachten des menschlichen Herzens ist böse von Jugend auf.« Das Urteil der Schrift ist allgemeingültig und umfaßt *»alles«*, den Menschen und seine ganze Welt. Es ist ein hartes Wort: Die Schrift ist eine große Anklage gegen den Menschen, und das Urteil ist vernichtend. Alle Menschen sind unter dieser Anklage und diesem Urteil im Gefängnis, sie sind eingesperrt. Die so oft behauptete Freiheit des Menschen ist ein Betrug. Sie leben unter der Macht der Sünde, und das Gesetz sperrt sie ein. Doch sie werden nicht vernichtet. Bis jetzt sind dies alles negative Antworten auf die Frage nach Zweck und Sinn des Gesetzes. Hier ist das Gesetz sogar mit einem verriegelten Gefängnis gleichgesetzt. Und doch leuchtet ein Horizont der Hoffnung auf! Wer eingesperrt ist und im Gefängnis sitzt, hat immer noch die Hoffnung, einmal wieder frei zu kommen. Es gibt sogar – wenn auch vielfach mißbraucht – eine Schutzhaft. Vielleicht könnte dieser Gedanke den nächsten Abschnitt (3, 23–39) erschließen.

Hier reißt Paulus diesen Horizont der Hoffnung an, wenn er fortfährt, *»auf daß«* . . ., dies ist doch eine Zweckangabe. Was ist der Zweck dieser Gefangenschaft; daß dann das Todesurteil vollstreckt wird? Nein: *»auf daß die Verheißung durch den Glauben an Jesus Christus gegeben würde denen, die da glauben«*. Das ist die Zweckangabe! Gottes Zusage des Segens und der völligen, wiederhergestellten Gemeinschaft mit ihm wird im Glauben geschenkt durch Jesus Christus, und zwar allen, die solchen Glauben fassen. Die Gefangenschaft unter dem Urteil des Gesetzes ist Ermöglichungsraum für den Glauben. Damit ist das Gesetz in seiner heilsgeschichtlichen Zweck- und Zielbestimmung angerissen.

Der Gegensatz zwischen Verheißung und Gesetz darf nicht so aufgefaßt werden, als ob das eine Mal Gott selbst handle und das andere Mal im Gesetz irgend ein Gegenspieler seine Heilspläne durchkreuzen oder stören wolle. Fassen wir es noch einmal in ein anderes Bild unter dem Gedanken, daß die Sünde eine tödliche Krankheit ist. Das Gesetz zwingt den Todkranken ins Krankenhaus, in absolute Bettruhe, in völlige Abhängigkeit, aber doch auch dazu, daß der Arzt kommt und dem Todgeweihten mit seiner rettenden Therapie helfen kann. Nur, wer den Arzt nicht an sich heranläßt, der wird sterben. *»Denen, die da glauben«* heißt es darum ausdrücklich.

VORSCHLAG ZUR BIBELARBEIT ÜBER GAL 3, 19–22

1. Einleitung:

a) Was sagt die Bibel über den Menschen als Sünder? (Konkordanz)

b) Wir lesen Mark 7, 1–13. Was wirft Jesus den Pharisäern vor?

c) Wir lesen unseren Abschnitt, jeder für sich, und versuchen, ihn mit eigenen Sätzen und Worten genau wiederzugeben.

d) Mögliche Überschrift: »Auf immer in Gefangenschaft?«

2. Durchführung:

Eingangsbeispiel: Die Diagnose »Krebs« ist oft erschütternd, bedeutet das Todesurteil. Oft ist keine Heilung möglich. Soll man es darum dem Betroffenen gar nicht sagen? Barmherzig verschweigen, denn sonst verliert er allen Lebensmut und gibt sich auf? Gottes Gesetz stellt die Diagnose, aber heilen kann es nicht.

a) Die Krankheit muß erkannt werden
Das Gesetz macht die tödliche Krankheit der Sünde offenbar. Sie ist durch das Gesetz eine nicht wegzuleugnende Tatsache. Unter dem Gesetz verstrickt sich der Mensch immer tiefer in die Sünde, in viele Einzelübertretungen. Die Krankheit weitet sich aus, befällt alle Teile des Körpers. Hier wird Gesetzesfrömmigkeit im Ansatz bloßgelegt. Statt zu helfen, wird der Schaden gemehrt. Das gilt damals wie heute. Wie werde ich von Sünde los? Indem ich sie bekämpfe und nach dem Gebot lebe? Nein – dann ist es ein aussichtsloser Kampf. Sünde bei Jesus abladen! Wir leben nicht gesetzesfromm, wie die Juden damals. Aber wir unterliegen oft der gleichen Täuschung, wir seien gesund. Denn wir bemühen uns, nach dem Buchstaben zu leben. Dabei breitet sich die Krankheit aus. Sünde wuchert, wo wir sie gar nicht vermuten. So wird kein Mensch gerecht!

b) Die eigene Hilflosigkeit muß eingestanden werden
Die Gesetzesfrömmigkeit, die Frömmigkeit aus eigener Kraft, führt in die große Täuschung: nämlich, wir täten etwas für unsere Gesundheit (Gerechtigkeit), wo sich doch die Krankheit (Sünde) nur um so stärker ausbreitet. So beginnt erst Heilung, wenn ich meine eigene Hilflosigkeit erkenne und zugebe und falsche Hilfen erkenne. Gesetz, eigene Kraft, können nicht helfen. Denn: 1. Es mehrt die Übertretung. 2. Es kann nicht lebendig machen, sondern wirkt sogar Tod. 3. Es ist nicht Träger oder Empfänger der Verheißung. 4. Es schafft Distanz zu Gott: Hierher gehört die Aussage: angeordnet durch Engel und den Mittler Mose. Beispiel: Tödliche Krankheit kann nicht über das Telefon geheilt werden, da braucht es schon den Arzt selber. Warum wollen wir zu Gott

auf Abstand leben, wo er uns doch im Glauben in die engste Gemeinschaft ruft?

c) Dann kann der Arzt helfen
»Ein Arzt ist uns gegeben, der selber ist das Leben ...«. Das ist die Segensverheißung Gottes. Er bleibt nicht im Abstand, er kommt in die Nähe. Christus gibt die Verheißung. Er lebt »Leben« vor. Wer ihm nachlebt, mit ihm lebt, der hat das Leben. Das Gesetz liefert in das Krankenhaus ein. Das ist sein heilsgeschichtlicher Ort: »unter dem Gesetz verwahrt«. Dann kann der Arzt kommen. Und der heilt. Heilungsmittel ist der »Glaube«. Solche Heilung wird nicht aufgedrängt, aber dringlich angeboten. Beispiel: Nur, wo der Kranke auch dem Arzt vertraut und seine Anweisungen befolgt, ist Heilung möglich.

Schluß: Das Gesetz führt in den Fluch und Tod, aber es reißt auch den Horizont der Hoffnung auf. Es ist eine Sackgasse. Aber Jesus Christus hat die Mauer am Ende dieser Gasse durchbrochen. Wir können durchkommen zu ihm.

3.3. DAS KOMMEN DES GLAUBENS, 3, 23–29

3, 23–24: »Ehe aber der Glaube kam, wurden wir unter dem Gesetz verwahrt und verschlossen auf den Glauben hin, der da sollte offenbar werden. So ist das Gesetz unser Zuchtmeister gewesen auf Christus, damit wir durch Glauben gerecht würden.«

Nun führt Paulus die heilsgeschichtliche Aufgabe des Gesetzes auch im Positiven aus, unter dem Stichwort *»Zuchtmeister«*. Das Gesetz hatte seine Zeit *»ehe der Glaube kam«*. Das ist die Zeitenwende, der Einschnitt in der Heilsgeschichte, die Erfüllung der Heilsgeschichte Gottes. Seit Jesus kam, gibt es ein Vorher und ein Nachher. Denn das meint Paulus: Als Gott in Jesus Christus kam und an ihm und in ihm das Angebot der Gerechtigkeit aus dem Glauben den Menschen als Möglichkeit aufging, da hatte das Gesetz seine Bedeutung verloren. Im »vorher« wurden die Menschen unter dem Gesetz *»verwahrt und verschlossen«*. *»Eingeschlossen«* (vgl. zu V. 23) und *»in Gewahrsam gehalten«*, ja das Wort bedeutet sogar »bewacht«, das war die Aufgabe des Gesetzes. Der Mensch war in Haft, eben in der Haft und Herrschaft des Gesetzes. Die Haft bestand darin, daß das Gesetz den Menschen die Macht der Sünde und des daraus folgenden Todes bewußt machte, ja sogar mehrte und unentrinnbar machte (vgl. zu V. 19). In dem Gefängnis des Gesetzes gerät der Mensch in die vernichtende Abfolge von bekannten Geboten, Versagen und Sünden; Folgen dieser Übertretungen, die zerstören und den endgültigen Tod bringen. Jede neue Anstrengung zur Erfüllung setzt immer wieder diese Kette in Gang. Alle Selbstheilungsversuche fördern nur die Krankheit, das ist die deprimierende Erfahrung unter dem Gesetz.

Doch jetzt wird die positive Seite dieser Haft von Paulus herausgehoben. Eben die Schutzhaft *»auf den Glauben hin, der da sollte offenbart werden«* (vgl. zu V. 22). Der Glaube sollte enthüllt werden, das war das Ziel der Heilsgeschichte Gottes. Sicher gab es Glauben als tiefe Frömmigkeit im Alten Testament. Paulus hat ja gerade den Abraham als Beispiel vor Augen gestellt. Der Glaube, den Gott enthüllen wollte, ist aber eine Person, es ist Jesus Christus, auf ihn läuft die ganze Heilsgeschichte zu. Der Glaube ist die von Gott gewollte und angebotene Möglichkeit, vor ihm gerecht zu sein, und Jesus Christus ist der Grund dieses Glaubens, durch ihn und auf ihn hin können wir Menschen Glauben fassen.

Von ihm her, von dem endgültigen Ziel des Planes Gottes her, der Gerechtigkeit, die aus Glauben kommt, fällt nun auch ein neues Licht auf das Gesetz. Jetzt entfaltet Paulus positiv vom Christus her die Antwort auf die Frage, »wozu das Gesetz«? Es ist der *»Zuchtmeister gewesen auf Christus* *hin«*, der »Pädagoge«, wir haben das griechische Wort in unsere Sprache als Berufsbezeichnung des Erziehers und Lehrers übernommen. Doch ist nach dem vorher Gesagten (V. 19–22) klar, daß Paulus hier nicht von einer Erziehung in dem Sinn redet, daß das Gesetz allmählich den Menschen bessert und reifen läßt, bis er für den Glauben schließlich wohl vorbereitet ist. Das Gesetz bringt ja die Sünde in den einzelnen Übertretungen zur Reife. Das Gebot wirkt wohl auch Erkenntnis der Sünde, aber ohne Möglichkeit, die Sünde dann auch abzulegen. Gerade an Israels Geschichte wird das erschreckend deutlich. Trotz jahrhundertelanger »Erziehung« durch das Gesetz haben sie den Glauben, haben sie Christus verfehlt, sogar bekämpft, abgelehnt und schließlich töten lassen.

In den vornehmen griechischen und römischen Familien gab es einen bewährten, älteren Haussklaven, der diesen Titel »Paidagogos« trug. Ihm waren die Knaben in der Zeit des Heranwachsens anvertraut. Er war nicht ihr Lehrer, er begleitete sie nur zur Schule und lieferte sie ab. In der Regel war er auch nicht beliebt bei den Kindern, denn er hatte sogar das Recht zur Züchtigung. Er hatte über das sittliche Wohlergehen zu wachen, die Knaben vor unnötigen Gefahren zu schützen und ihnen die männlichen Tugenden beizubringen. Er soll die Knaben also in Zucht halten und züchtigen.

Diesen vertrauten Beruf des Haussklaven wählt Paulus zum Vergleich für die Aufgaben des Gesetzes. Wie dieser Sklave soll auch das Gesetz den Menschen in Zucht halten und züchtigen. *»Auf Christus hin«*, das ist die Richtung seiner Zucht. Das *»auf Christus hin«* ist zunächst zeitlich gemeint, wie Vers 23; dann aber sicherlich auch inhaltlich. Unter dem Gesetz kommt die Sünde zum Ausbruch, breitet sich aus, wie die tödliche Krebskrankheit. Da entsteht Erkenntnis der Sünde und auch der Schrei nach Hilfe. Allerdings nicht zwangsläufig. Das Gesetz hat in aller Regel ganz andere Wirkungen, daß es nämlich den Menschen zur Selbstgerechtigkeit und verdienstorientierten Frömmigkeit treibt. Der Mensch mißbraucht das Gesetz zu seiner Selbstrechtfertigung. Das alles aber bricht zusammen in der Gegenwart des Christus, unter seiner Verkündigung und aufdeckenden Mahnung (vgl. Matth 15, 1–9). Das Gesetz kann das nicht bewirken, aber Christus kann das. Wer nach dem Gesetz lebt und fragt, bleibt in irgendeiner Form, wenn auch oft völlig verkehrt, in Ausrichtung auf Gott, den Geber des Gesetzes. Und dort wird ihn die Stimme Gottes erreichen, die in Jesus Christus aufgebrochen ist. Die Frommen Israels mußten auf Jesus hören und sich mit ihm auseinandersetzen, weil er auch das Gesetz auslegte – völlig anders als sie zwar –, aber so wurden sie zur Entscheidung gedrängt, ob sie ihm glauben.

Das Gesetz und die Gnade gehen gewiß nicht bruchlos ineinander über. Da gibt es keine aufsteigende Linie, aber das Gesetz hält den Menschen in der Untersuchungshaft fest bis zur Gerichtsverhandlung. Damit ist aber noch nicht ausgemacht, wie der Häftling reagiert, wenn ihm in Jesus Christus der Freispruch allein aus Gnade angeboten wird. Ob er zugreift und in die Freiheit der Kinder Gottes eintritt oder ob er zurückkehrt in seine Gefängniszelle und dort zugrunde geht. Seit Christus da ist, kann ein Mensch *»durch Glauben gerecht werden«*. Daß er dieses Angebot hören kann, darum nimmt ihn das Gesetz gefangen.

3, 25–26: »Nun aber der Glaube gekommen ist, sind wir nicht mehr unter dem Zuchtmeister. Denn ihr seid alle Gottes Kinder durch den Glauben an Christus Jesus.«

Jesus Christus ist gekommen. Der Sohn Gottes wurde Mensch in dieser Welt. Das Zeitalter des Glaubens ist angebrochen, Gottes Heilsplan vollendet sich (vgl. Joh 1, 14–17). Der *»Glaube«*, der gekommen ist, meint hier zunächst nicht die persönliche Gläubigkeit eines Menschen, die subjektive Annahme des Heils, sondern verweist auf die »objektive Tatsache«, auf das Heilsereignis »Gott wurde Mensch« (vgl. 4, 4). In Jesus Christus wird der Glaube die jedem Menschen offenstehende Möglichkeit und Wirklichkeit. Nun braucht kein Mensch mehr *»unter dem Zuchtmeister«* leben. *»Wir«*, sagt Paulus ausdrücklich und redet die Galater ganz persönlich an: *»Ihr seid alle Gottes Kinder«*, und zwar eben dadurch, daß sie damals der Verkündigung des Evangeliums durch den Apostel Glauben schenkten, *»durch den Glauben an Jesus Christus«* wurde ihnen das neue Sein und Leben geschenkt. Diese persönlichen Fürwörter zeigen aber auch einen anderen Sachverhalt: Die Macht und Gewalt des Gesetzes ist zwar gebrochen in Jesus Christus. Mit seinem Kommen ist die Zeit des Gesetzes vorbei. Aber, ein Mensch muß aus der Gefangenschaft in die Freiheit auch heraustreten. Das Gesetz ist zu Ende, trotzdem gibt es noch viele Menschen – das ist ja die Tragik der Mehrzahl der Frommen Israels – die sich unter dieser entmächtigten Macht quälen. *»Gottes Kinder«*, wörtlich *»Söhne Gottes«*, werden wir in der persönlichen Annahme des Glaubens. Gott nimmt keine Zwangsadoptionen vor. *»Wie viele ihn aber aufnahmen, denen gab er Macht, Gottes Kinder zu werden, die an seinen Namen glauben«* (Joh 1, 12).

Der Glaube an Jesus Christus, der uns zu Söhnen Gottes macht, ist darum auch sehr persönlich und subjektiv verstanden. Nicht als eigene Leistung, sondern als die dankbare Annahme der geschenkten Gerechtigkeit. Ohne solche persönliche Aneignung und Entscheidung gibt es keine *»Kinder Gottes«*.

3, 27: »Denn wie viele von euch auf Christus getauft sind, die haben Christus angezogen.«

Und dieser Akt der Annahme und persönlichen Entscheidung wird für Paulus in der Taufe sichtbar. *»Wie viele in Christus hineingetauft sind«*, sagt der Apostel (vgl. Röm 6, 3; 1. Kor 10, 2). Sicher bereitet uns diese Aussage wegen der in langer Tradition gewachsenen volkskirchlichen Säuglingstaufe manche Not. Doch die Verkündigung des

Apostels geschah damals unter Erwachsenen und die Taufe geschah an Erwachsenen, die zum Glauben gekommen waren. Taufe und Glaube gehören auch nach dem Taufbefehl Jesu Christi untrennbar zusammen (vgl. Matth 28, 19–20; Mark 16, 16). Es ist hier nicht der Ort, die ganze Problematik der volkskirchlichen Kindertaufe zu beleuchten. Nur soviel aber sei gesagt: Eine Kirche, die kleine Kinder tauft, nicht aber Bekehrung predigt und zur persönlichen Entscheidung ruft, betrügt ihre Mitglieder. Zwar fallen Taufe und Glaube bei der Kindertaufe zeitlich auseinander, aber doch wird mit der Konfirmation – wenigstens theoretisch – dieser unlösbare Zusammenhang festgehalten. Die Kindertaufe fordert die Bekehrungspredigt, sonst verliert sie ihren Sinn, ja, wird zu einer gefährlichen, mißverständlichen Verbiegung des Evangeliums.

Die galatischen Christen hatten ihren Glauben in dem Akt der Taufe festgemacht und bekannt. Dabei ist mehr als nur ein äußerlicher Vorgang des Untertauchens im Wasser geschehen, *»in Christus hineingetauft«;* das Sakrament der Taufe ist für sie der Ausdruck der engsten Lebens- und Leidensgemeinschaft mit dem auferstandenen Herrn. Das *»in ... hinein«* gibt damit die Richtung ihres neuen Lebens an, daß sie, wie Paulus an anderer Stelle sagt (vgl. Röm 8, 29; Kol 3, 10), umgewandelt und erneuert werden *»in das Ebenbild des Sohnes«. »Sie haben Christus angezogen«:* Dieses Bild verwendet die Bibel öfters, um das neue Leben zu kennzeichnen, aber auch die Aufgabe des Christen (vgl. Hiob 29, 14; Jes 61, 10; Röm 13, 14; Eph 4, 24; Kol 3,10), im Neuen zu leben. Vielleicht steht hinter diesem Bild die bekannte jüdische Sitte, die auch Jesus in einem Gleichnis heranzieht (vgl. Matth 22, 11), dem zum Fest Geladenen ein Festgewand zu schenken. *»Anziehen«* ist dabei ein positiver Vorgang und nicht in dem Sinn gedacht, daß der alte Mensch vertuscht wird. Das neue Kleid bezeichnet die neue Existenz, vielleicht zu verdeutlichen daran, wie auch bei uns im Mittelalter für jeden Stand eine bestimmte Kleiderordnung vorgeschrieben war. An der Kleidung konnte man also das Sein des Menschen erkennen. Die »Überkleidung« mit Christus beschreibt den Jünger als neuen Menschen nach dem schlichten Gebet: »Christi Blut und Gerechtigkeit, das ist mein Schmuck und Ehrenkleid.«

Gleichzeitig ist dieses Bild vom *»Anziehen des neuen Kleides«* in Verbindung mit der Taufe eine hilfreiche Linie für die Diskussion um die volkskirchliche Kindertaufe – um dieses Problem noch einmal kurz anzureißen. Die Taufe macht nicht automatisch selig, aber sie legt auch dem kleinen Kind das neue Kleid der Gerechtigkeit bereit. Irgendwann in seinem Leben muß es dann freilich die Entscheidung treffen, ob es dieses Kleid auch anziehen will. Unsere Aufgabe als Gemeinde Jesu Christi gegenüber unseren getauften Kindern besteht dann in einem Dreifachen: a) Daß wir ihnen diese neue Existenz, das Leben im Gewand der Gerechtigkeit, vorleben. b) Daß wir sie lehren, wie dieses neue Gewand aussieht, und c) daß wir sie in die Entscheidung rufen, das neue Kleid nun auch anzuziehen.

3, 28–29: »Hier ist nicht Jude noch Grieche, hier ist nicht Knecht noch Freier, hier ist nicht Mann noch Weib; denn ihr seid allzumal einer in Christus Jesus. Seid ihr aber Christi, so seid ihr ja Abrahams Kinder und nach der Verheißung Erben.«

In gewissem Sinn sind die Schranken und Unterschiede in der Gemeinde der Getauften aufgehoben und unwesentlich geworden. Natürlich bestehen alle diese Ordnungen und Klassen schon noch. Wie könnte auch die jeweils natürliche Art von Mann und Frau beseitigt werden? Aber die Getauften sind *»Einer in Christus Jesus«*. In der Gemeinde, wo Menschen vor Gott stehen, sind die natürlichen und geschichtlichen Einteilungen nicht mehr wesentlich und ausschlaggebend. *»In Christus Jesus«*, das heißt unter seiner Herrschaft in seiner Gemeinde der begnadigten Sünder. Sie sind alle *»Einer«*, die Jünger Jesu sind mit ihm überkleidet und sind so, wie Paulus an anderer Stelle sagt (vgl. Röm 12, 5; 1. Kor 12, 12–27) *»Glieder eines Leibes«*, dessen Haupt Christus selbst ist. Sie gehören alle Christus;

er ist ihr Herr und sie sind ihm zugeordnet. Dann aber, und damit kommt Paulus auf den Anfang dieses Gedankenzusammenhanges zurück (vgl. 3, 7 u. 9 u. 16), dann sind die Galater, dann sind die Kinder Gottes *»Abrahams Kinder und nach der Verheißung Erben«*. Wer so im neuen Leben, durch die Taufe und das neue Kleid der Gerechtigkeit mit dem Christus verbunden ist, der gehört nun zu denen, denen die Schrift den Segen Abrahams und das Erbe der vollendeten Gemeinschaft mit Gott zuspricht.

Das ist die neue Existenz der galatischen Christen. Paulus redet sie darin ganz direkt an und will ihnen die Gaben Gottes, seinen Segen vor Augen halten, damit sie das betrügerische Angebot eines Lebens unter dem Gesetz, diese alten, abgetragenen, verschlissenen Gewänder schonungslos sehen.

VORSCHLAG ZUR BIBELARBEIT ÜBER GAL 3, 23–29

1. Einleitung:

a) Wir lesen 1. Kor 12, 12–27. Worin besteht nach biblischer Sicht die Einheit der Gemeinde Jesu?

b) In einem gemeinsamen Gespräch klären wir unser Verständnis von der Taufe.

c) Was ist ein »Zuchtmeister«? Welche Aufgabe hat also das Gesetz? (Kommentar benützen)

d) Mögliche Überschrift: »Der Glaube ist gekommen«.

2. Durchführung:

Eingangsbeispiel: Wir bleiben bei dem eindrücklichen Beispiel aus dem Text: der »paidogogos«, der Sklave, der – auch mit Strafen – die Knaben überwacht, schützt und in die Tugenden einführt; gerade das ist die Aufgabe des Gesetzes. Es ist nicht der Lehrer selbst, soll nur in die Schule bringen.

a) Das Gesetz hält in strengster Zucht
Das ist die Aufgabe des Gesetzes, paidagogos zu sein. Seine Verwahrung und Einschließung hat aber einen heilsgeschichtlichen Ort: bis Christus kommt. Verwahrung gleich Aufbewahrung für den Glauben. Doch kein bruchloser Übergang im Sinn von Reifen oder Vollenden. Das Gesetz hält in Untersuchungshaft, bis zur Gerichtsverhandlung. Alles kommt auf die Frage an: Nimmst du den angebotenen Freispruch an? Bleiben wir aus eigener Entscheidung in solcher Haft? Wie viele Menschen tun das. Religiöses Leben ist Leben in Gefangenschaft der Forderungen und Verpflichtungen. Wie oft stehen wir selbst in solcher Gefahr? Wir leben dann nicht als Söhne, sondern als Häftlinge.

b) Der Glaube macht uns zu Söhnen Gottes
Christus ist gekommen. Das ist die heilsgeschichtliche Zeitwende. Das ist die »objektive« Heilsgrundlage. Die Zeit der Haft ist vorbei. Wer jetzt noch unter dem Gesetz bleibt, ist »freiwilliger Gefangener«. Welch ein Unsinn! Ich darf Sohn sein und bleibe doch Gefangener. Christus ist gekommen, damit ist jedem Menschen Glauben ermöglicht. Das ist die »subjektive« Seite, solchen Glauben fassen. Nicht: wir *werden* Gottes Kinder, sondern: wir *sind* Gottes Söhne. Der Glaube *ist* ein neues Kleid, ein neues Sein. Keine Zwangsadoption, auch Söhne Gottes sind alle freiwillig. Glaube konkretisiert sich in der Taufe. Eine Kirche, die kleine Kinder tauft, betrügt, wenn sie nicht zur persönlichen Entscheidung hinleitet und aufruft. Taufe und auch Anziehen des neuen Kleides gehören zusammen.

c) Jesus Christus verbindet uns zu einem Leib
Der Glaube an Jesus Christus macht uns alle gleich

vor Gott. Die religiösen, geschichtlichen und natürlichen Unterschiede gelten hier vor Gott nicht mehr. Die Gemeinde der Glaubenden ist »Einer«, gleich eins in einer Person, nämlich in Jesus Christus. Solche Einheit ist nicht organisierbar, aber sie wächst im Glauben, auch über Konfessions-, Volks- und Naturgrenzen hinweg. Wir praktizieren das so schlecht und werden dadurch oft unglaubwürdig. Die geschenkte Einheit »in Jesus Christus« annehmen, das ist Aufgabe an uns. Wir gehören Christus. Damit gelten die alttestamentlichen Verheißungen uns, wir sind Erben des Segens. Hüten wir uns vor Erbstreitigkeiten, sie zerstören die Einheit.

Schluß: Gottes Weg des Heils läuft auf Jesus Christus zu. Wer jetzt noch nach dem Gesetz lebt, leugnet Jesus Christus. Die Tragik der freiwilligen Gefangenen. Japanische Soldaten kämpften auf den Südseeinseln noch 30 Jahre nach Kriegsende. Sie hatten nicht gehört, daß der Krieg aus sei oder hielten das für feindliche Propaganda. Der Krieg ist aus: Der Glaube ist da.

4. DIE MÜNDIGEN ERBEN, 4, 1–7

Mit diesem Vergleich verdeutlicht Paulus zusammenfassend noch einmal das, was er im 3. Kapitel entfaltet hat. Dabei verschiebt sich nun der Akzent: Nicht nur die Tatsache des Erbe-seins ist wichtig, sondern seine Bedeutung wird hervorgehoben.

Immer deutlicher aber tritt in diesen Gedankenschritten des Apostels auch die Inkompetenz des Gesetzes für die Frage nach der Gerechtigkeit des Menschen vor Gott heraus. Der Gegensatz zwischen dem »Unmündigen« und dem vollberechtigten Kind, zwischen Sklave und Sohn ist ja der Gegensatz zwischen Gesetz und Glaube. Beachten wir aber auch hierbei die zeitliche Abfolge, die in diesem Beispiel kennzeichnend ist. Sachlich geht es also auch jetzt wieder um die Frage: Wie werde ich zum vollberechtigten Kind Gottes? Etwa tatsächlich erst durch das Halten des Gesetzes, wie es die Irrlehrer den verunsicherten galatischen Christen einreden wollten?

4, 1–2: »Ich sage aber: Solange der Erbe unmündig ist, ist zwischen ihm und einem Knechte kein Unterschied, ob er wohl ein Herr ist aller Güter, sondern er ist unter den Vormündern und Pflegern bis auf die Zeit, die der Vater bestimmt hat.«

Ein Beispiel aus dem damaligen Alltagsbereich soll den Grundgedanken des Paulus über den Wert des Gesetzes noch einmal verdeutlichen: Dabei wählt Paulus sein Beispiel aus dem den Galatern vertrauten Bereich des hellenistischen Rechtslebens. Er stellt an einem kleinen Kind, dessen Vater wohl verstorben ist, die verschiedenen Stadien bis zur vollen Mündigkeit dar. *»Unmündig«* ist der Sohn bis zu einem festgesetzten Termin. Er ist zwar Erbe des Vermögens, hat aber noch keinerlei Rechte. Die »Unmündigkeit« ist ein rechtlich geordneter Begriff und betrifft zunächst eine Zeitbeschränkung. Erst etwa im Alter von 20 Jahren erlangte ein Jüngling die volle Mündigkeit, vorher unterstand er der Erziehungsgewalt des Vaters bzw. des Vormundes und dann noch zwei Jahre der staatlichen Aufsicht. Er ist zwar *»Herr über allen Besitz«*, unterscheidet sich jedoch verfügungsmäßig nicht von einem Sklaven. Er untersteht, nach des Vaters Tod – der in unserem Beispiel wohl vorausgesetzt ist – der Erziehungsgewalt und Aufsicht von *»Vormündern und Pflegern«*. Sein Vater hat zwar einen Termin festgelegt, aber bis dahin bleibt der Sohn unmündig. Auf jeden Fall kann nicht er den Termin bestimmen, sondern das hat der Vater getan. Es ist ein rechtlich fixierter, vorher bestimmter Termin, das meint das griechische Wort. »Vormund« ist ein mit allen Rechten und Pflichten der Erziehungsgewalt ausgestatteter Mann, dem der »Unmündige« zu gehorchen hat. Dieser handelt für ihn in allen Besitzfragen und auch an ihm in den Erziehungsfragen. Der »Pfleger« oder »Verwalter« ist mit der

Leitung des gesamten Haushaltes und aller Liegenschaften betraut. Auch ihm kann der »Unmündige« nicht dreinreden. Nun wird dieses Bild angewendet:

4, 3: »So auch wir: als wir unmündig waren, waren wir in der Knechtschaft der Elemente der Welt.«

»So war es auch bei uns«, auch hier erweist sich Paulus als rechter Seelsorger. Er kanzelt die Galater nicht ab, sondern er schließt sich in diese frühere *»unmündige Zeit«* mit ein. Das ist die Vergangenheit der Galater und des Paulus, ausgeweitet aller Menschen, bevor Jesus Christus kam. Alle waren Sklaven gleichgestellt, ohne eigenes Mitspracherecht und ohne alle Verfügungsgewalt. In dieser Zeit lebten sie, lebten Paulus und die Galater, Juden und Heiden *»unter den Elementen dieser Welt«*. Vom Kolosserbrief her, wo dieser Begriff wiederkehrt (vgl. Kol 2, 8, 20) und im Zusammenhang mit den folgenden Versen (vgl. V. 8–10) benennt Paulus mit *»Elementen«* wohl widergöttliche Gewalten, Mächte, die »diesen Kosmos« beherrschen (vgl. auch Eph 6, 12). Einige Ausleger denken hier nur an das Gesetz, aber das wäre zu eng, besonders wenn Paulus die Heiden mit einschließt. Doch ist auch das verselbständigte, gegen Gott gewendete Gesetz sicher solch eine Macht und ist durchaus unter diesem Begriff der *»Elemente«* erfaßt.

Ursprünglich bedeutet »Element«, das griechische »stoicheia« Reihe, etwa eine Buchstabenreihe, also das ABC, dann ausgeweitet Elementarkenntnisse allgemein. Es können auch die »Grundstoffe der Welt« damit benannt sein, zu denen die Gestirne gehören. Daß es solche wesenhaft bestimmten »Herren« sind, geht wohl daraus hervor, daß Paulus sagt, *»wir waren in der Knechtschaft dieser Elemente der Welt«*. Sie haben bindende, herrschende Kraft, sie haben die Menschen »versklavt«. Vielleicht meint der Apostel den im Orient besonders tief eingewurzelten Gestirnglauben, in dem die Gestirne als Götter gelten, die Wohl und Wehe der Menschen bestimmen. Solche sklavische Abhängigkeiten von Astrologen, Horoskopen und Wahrsagern kennen wir bis heute, erschreckend in unserer sich so aufgeklärt gebärdenden Gesellschaft. Das *»wir«* des Apostels, mit dem auch jüdisches Leben vor Christus in solchen Abhängigkeiten gezeichnet wird, legt es nahe, von der ersten Wortbedeutung »Elementarkenntnisse« her, auch das Israel gegebene Gesetz als solche versklavende Macht zu sehen. Das war also der Mensch, bevor Christus kam, nicht nur ein Unmündiger, sondern ein versklavter, abhängiger Getriebener, der sich von erdachten Schicksalsmächten gefangen nehmen ließ. Aber Gott läßt uns Menschen nicht in der Sklaverei.

4, 4–5: »Als aber die Zeit erfüllt war, sandte Gott seinen Sohn, geboren von einem Weibe und unter das Gesetz getan, auf daß er die, so unter dem Gesetz waren, erlöste, damit wir die Kindschaft empfingen.«

»Die Zeit kam zur Fülle«, das ist keine einfache Zeitangabe, hier ist die Zeit inhaltlich bestimmt als eine besondere Zeit, eben als »erfüllte, vollgefüllte« Zeit. Paulus meint damit, daß die Zeit zum Ende kam. Damit knüpft er an den »vorher bestimmten Termin« aus V. 2 an. Gott führt die Zeit des Gesetzes, die Zeit der Versklavung unter die Elemente zu einem Ende. Er hat die Erfüllung bestimmt. Es ist seit dem Kommen Jesu Christi Endzeit. Der alte Äon ist im Vergehen; in Jesus hat der neue Äon, die Neuschöpfung begonnen. Wir verbinden auch als Christen mit dem Begriff »Endzeit« oft negative Gedanken. Doch Endzeit ist *»gefüllte, erfüllte«* Zeit. Es ist die Zeit, die erfüllt ist mit Gnade, mit der heimsuchenden Liebe Gottes in seinem Sohn. Gleichzeitig wird deutlich, daß seit Jesu Kommen »Endzeit« ist. Eine Einschränkung auf die allerletzten Tage des vergehenden Äons ist nicht biblisch. Paulus zieht die heilsgeschichtliche Grundlinie: Die Zeit Jesu Christi, von seiner Geburt bis zu seiner Wiederkunft ist vollendete, erfüllte Zeit.

Gott hat diese Zeit heraufgeführt. Er vollendet seinen Heilsplan: *»Er sandte seinen Sohn ab.«* Das griechische

Wort bedeutet geradezu »wegschicken, ab-, wegsenden«. Gott ist hier der Handelnde. Er sendet seinen Sohn weg »zu uns«, wie Luther sehr biblisch in seinem Lied singt: »Er sprach zu seinem lieben Sohn: ›Die Zeit ist hie zu erbarmen; fahr hin, meins Herzens werte Kron', und sei das Heil dem Armen‹« (EKG 239, 5). Gott sandte *»seinen Sohn«;* so viel wert waren wir Menschen ihm. Kein Mensch oder gar ein Engel konnte die Aufgabe der Erlösung übernehmen, der *»Sohn Gottes«* nur konnte *»die, so unter dem Gesetz waren, erlösen«*. Er nur konnte sie »loskaufen« aus der Gefangenschaft (vgl. 1. Petr 1, 8), indem er sich selbst in diese Gefangenschaft hineinschicken ließ. Er, das ist der Sohn Gottes, der in Ewigkeit beim Vater war. Paulus bekennt Jesus Christus in seiner Präexistenz, er wurde nicht erst zum Sohn, sondern er war schon immer der Sohn (vgl. Joh 1, 1. 10ff. u. 14).

Jesus kommt in die Gefangenschaft der Menschen hinein. Er schwebt nicht darüber und versichert uns aus unnahbarer Ferne seines Mitleids. Nein, Gottes Sohn wird wirklicher Mensch. Er *»wurde geboren aus einer Frau«,* wie alle anderen Menschen auch. Hier steht nicht ausdrücklich »Jungfrau«, doch läßt das griechische Wort auch die Bedeutung »Braut« zu. Keinesfalls kann aus diesem Wortgebrauch geschlossen werden, daß Paulus die »Jungfrauengeburt« ablehne. Die Betonung liegt hier mit allem Nachdruck auf der »wahren« Menschlichkeit Jesu, er teilt mit uns die Natur und ist von einer Frau geboren worden. Auch in seiner Geschichte wird er uns Menschen gleich: *»er wurde unter das Gesetz getan«,* nicht zwangsweise, ja zwangsläufig wie wir, sondern in freiwilligem Gehorsam (vgl. Matth 3, 15; Phil 2, 7. 8). So ist die Sendung des Sohnes nach seiner Natur und Geschichte dadurch gekennzeichnet, daß er uns Versklavten völlig gleich wird. So weit gibt sich Gott herunter.

»Damit wir die Kindschaft empfingen«, das ist der letzte Zweck dieser Selbsterniedrigung Gottes. Er sucht uns in unserer Tiefe auf, steigt sogar unter uns hinunter, daß je-

der nun auch ihm begegnen kann. Jeder kann nun Gott in Jesus Christus begegnen und seinen Ruf hören. Er ruft in die Nachfolge. Er macht uns Menschen das überwältigende Angebot, uns »an Sohnes Statt anzunehmen«, das meint nämlich *»Kindschaft«*. Gott schickt seinen eigenen Sohn weg und will uns an Sohnes Statt annehmen, das ist im vollen biblischen Sinn Erlösung. Er will nicht bei sich selbst bleiben, in seliger, abgeschlossener Gemeinschaft mit dem Sohn und dem Geist. Der dreieinige Gott ist kein abgeschlossener Gott, er öffnet sich zu uns Menschen und bietet uns engste Gemeinschaft an.

4, 6: »Weil ihr denn Kinder seid, hat Gott gesandt den Geist seines Sohnes in unsere Herzen, der schreit: Abba, lieber Vater!«

Und das ist kein unerreichbares Angebot geblieben. Die Galater haben es doch erlebt. Unter der Predigt des Evangeliums sind die Türen der Gefangenschaft aufgebrochen worden und sie empfingen die Kindschaft durch den Glauben. *»Ihr seid Söhne«*, der Apostel hält ihnen ihre Würde vor Augen. Und das ist nicht nur so dahingesagt, das kann man ablesen. Kinder haben ein Verhältnis zu ihrem Vater und das hat Gott gestiftet. *»Er hat den Geist seines Sohnes gesandt«*, er hat sein erstes grundlegendes Handeln, indem er seinen eigenen Sohn zu uns schickte, mit einer zweiten Tat vervollkommnet. Er schickt uns auch noch den *»Geist seines Sohnes«*, daß er uns dieses neuen Seins versichert. Die objektive Grundlage unserer Sohnschaft ist das Kommen Jesu Christi, und wir leben solche Sohnesart in der Erfüllung durch den Heiligen Geist, der uns unser Kindsein versichert und die Art der Kinder Gottes lehrt. Dieser *»Geist des Sohnes«* ist die Macht und Gegenwart des auferstandenen Christus selbst, der *»in unseren Herzen«* lebendig ist; nicht nur aufgeklebt, angepappt, sondern unsere ganze Person im innersten Kern erfassend und verwandelnd.

Das aber wird sichtbar im vertrauenden Gebet. Der Geist *»schreit«*, das meint den lauten Gebetsruf, die Anrufung

Gottes. Die herausbrechende, vom Geist Gottes getriebene Anrede Gottes, das Gebet der Söhne ist zusammengefaßt in dem einen Ruf: *»Abba, lieber Vater!«* Paulus stellt hier die beiden Sprachformen, in denen die frühe Gemeinde Gott angerufen hat, nebeneinander, das aramäische »Abba«, die vertrauende und vertraute Form der Anrede »mein Vater«, und das griechische »pater« – »Vater«. Daran wird die Kindschaft, das neue Sein als Söhne Gottes sichtbar, daß wir nun den allmächtigen Gott als unseren Vater bitten dürfen. Wir sind nicht nur Söhne, sondern wir handeln, reden und denken, erfüllt vom Heiligen Geist, auch als Kinder Gottes (vgl. Röm 8, 14–16). Kinder Gottes leben nicht mehr in Furcht, in Angst vor einem unergründlichen, unfaßbaren, ja sogar drohenden Gott; sie dürfen in vertrauender Liebe Gott als ihren Vater erkennen und anrufen.

4, 7: »So bist du nicht mehr Knecht, sondern Kind; wenn aber Kind, dann auch Erbe durch Gott.«

Nun redet der Apostel in aufrüttelnder persönlicher Anrede zu den Galatern, im direkten *»Du«*. *»Du bist nicht mehr Sklave, sondern Sohn.«* Hier wird jeder einzelne galatische Christ bei seinem neuen Sein gepackt. So will sie der Apostel zur Selbstbesinnung rufen. Das ist die heilsgeschichtliche Kette im Leben eines Menschen: *»Nicht mehr Sklave, sondern Kind«*. Als *»Kind aber dann auch Erbe«*. Kinder Gottes stehen nicht mehr in der Sklaverei. Sie leben in der geschenkten Kindschaft, die sich in der vertrauenden Vateranrede Gottes äußert. Sie sind damit voll mündig und also Erben. Das war ja das Kennzeichen der Sklaven: sie hatten keinerlei Rechte. Der mündige Sohn aber hat alle Rechte. Der Besitz des Vaters gehört ihm. *»Durch Gott«*, das steht betont am Ende dieser Kette und hält die Alleinwirksamkeit Gottes fest. Eben nicht durch irgend eine eigene Leistung, etwa der frommen Gesetzeserfüllung, ist solches alles geschehen, sondern allein durch das rettende, freikaufende Handeln Gottes im Sohn und im Geist.

Mit aller Deutlichkeit hat Paulus den Galatern noch einmal vor Augen gestellt, was sie empfangen haben und was sie sind durch Gottes Gnade. Man möchte die Mahnung dazusetzen, die der auferstandene Herr seiner Gemeinde in Philadelphia sagt: »Halte, was du hast, daß niemand deine Krone nehme« (Offb 3, 11).

VORSCHLAG ZUR BIBELARBEIT ÜBER GAL 4, 1–7

1. **Einleitung:**
   a) Wir wiederholen das Beispiel des »Sohnes unter den Vormündern« mit eigenen Worten. Was man verstehen will, muß man erzählen können!

   b) Was unterscheidet die Begriffe »Sklave«, »Kind«, »Erbe«?

   c) Was meint Paulus mit den »Elementen der Welt«? Vergleiche Kol 2, 8–20 und Eph 6, 12.

   d) Mögliche Überschrift: »Die neue Würde der Kinder Gottes«.

2. **Durchführung**
   Eingangsbeispiel: Wir bleiben auch hier bei dem Beispiel des Paulus: »Der unmündige Erbe« und erzählen es in eigenen Worten.

   a) Die verlorene Würde – entmündigt
   Die Wurzeln reichen tief – bis zum Versuch, selbstmächtig zu werden: Zu sein, wie Gott 1. Mose 3. Doch Gott läßt seine Geschöpfe nicht. In der Gefangenschaft der »Elemente«, der selbstgemachten Mächte, gleicht der Mensch dem Sklaven, ist entmündigt. Der »Herr über die Schöpfung« ist Sklave von Götzen und Sklave des Gesetzes = Sklave seiner eigenen Anstrengungen. Andere verwalten und herrschen für ihn. Der Mensch wird beherrscht. Sehen wir uns nicht zu rosig? Stimmen wir dieser scho-

nungslosen Analyse des Paulus zu? Hier wird die Gnade verspielt oder gewonnen, je nachdem, ob ich meine wahre Lage zugebe. Wir haben unsere Würde als Ebenbild Gottes verloren. Aber Gott behält diese im Auge. Er leidet um uns und mit uns. Wie im Gleichnis vom verlorenen Sohn der Vater.

b) Die angebotene Würde – freigekauft

Gott hat einen bestimmten Termin festgesetzt. Er hat uns nicht aufgegeben. Es kam die Fülle der Zeit, das Ende der Zeit. Seit Jesus ist Endzeit = gefüllte Zeit, also ein Heilsbegriff, kein Angstbegriff. Zeit gefüllt mit Jesus. Er wird Mensch nach seiner Natur = von einer Frau geboren und nach seiner Geschichte = unter dem Gesetz. Er kauft uns Verlorene frei. So gewinnen wir unsere Würde als Gottes Gegenüber wieder. Das ist das Evangelium: Gott nimmt uns als seine eigenen Kinder an. Seinen eigenen Sohn schickt er weg, in unsere Tiefe hinein, um uns zu sich zu rufen. Gott ist sich nicht selbst genug. Der dreieinige Gott ist der uns suchende und wollende Gott. Das ist unser Wert. Aufgabe: Jedem Menschen seinen Wert sagen.

c) Die neue Würde – Sohn und Erbe

Jesus macht uns zu Söhnen Gottes. Er bezahlt den Loskaufpreis. Wer zu ihm gehört, wer sich rufen läßt und glaubt, *ist* ein Sohn Gottes. Das ist unsere Würde hier und jetzt. Und die erweist sich. Gott schickt uns seinen Geist, der uns rechtes Kindesverhalten lehrt. Kind sein heißt einen Vater haben. Noch mehr: Diesem Vater vertrauen und ihn anrufen. Der allmächtige Gott will unser Vater sein. Können wir hier noch staunen? Wie zittern die Menschen anderer Religionen vor ihren unberechenbaren Göttern. Wir sind Kinder des Vaters und damit auch Erben. Das heißt: Gott gibt uns vollen Anteil an sich und seinen Gaben. Kannst »Du« solches persönlich bezeugen?

Schluß: Wie viele Menschen lassen sich entmündigen. Wir sind aber zu mündigen Christen berufen. Mündige Christen sind nicht selbstverantwortliche Leute, sondern Leute, die an Jesus hängen.

5. EIN SEELSORGERLICHES WERBEN IN LIEBE, 4, 8–20

5.1 WAR ALLES MÜHEN UMSONST? 4, 8–11

Der Apostel setzt in seinem Gedankengang ein Stück weit aus. Man spürt diesen Versen den Schmerz ab, der ihn im Blick auf die Entwicklung in den galatischen Gemeinden befällt. In persönlichem Zeugnis und von der Schrift her, mit eindringlichen Beispielen und mit scharfen Worten hat er das Gesetz als Heilsweg ausgeschlossen und die geschenkte Gerechtigkeit in Jesus Christus aus Glauben bezeugt. Nun öffnet er ein Stück weit sein Innerstes und läßt die Galater einen Blick in sein Herz tun. Es ist eben keine theoretische Frage, die man so oder so entscheiden könnte, um die es hier in Galatien bei dem Abfall in die Gesetzlichkeit geht, sondern hierbei steht alles auf dem Spiel, auch die persönliche Beziehung des Apostels zu seinen »Kindern im Glauben«. Deshalb wirbt er nun in ganz persönlichen, liebenden offenen Worten um die Gemeinden.

4, 8: »Aber zu der Zeit, da ihr Gott nicht kanntet, dientet ihr denen, die in Wahrheit nicht Götter sind.«

»Zu der Zeit, damals«, besser noch *»vormals«*, so lenkt Paulus den Blick noch einmal zurück. Als er zu den Galatern kam, da waren sie noch Heiden. Sicher ein starkes Wort, denn die Galater lebten doch im Bereich der griechischen Kultur, die sogar die Römer für sich übernommen hatten und die das geistig philosophische Leben und Denken des ganzen Reiches prägte. Und welche religiösen, philosophischen Gedankengebäude hatten doch die Griechen ersonnen: Hochleistungen des menschlichen Geistes! Aber *»sie*

kannten Gott nicht«; selbst die Athener spürten die Bodenlosigkeit ihrer Kultur und wollten sich absichern, indem sie »dem unbekannten Gott« auch einen Altar errichteten (vgl. Apg 17, 23). Wer Gott nicht kennt, der lebt bei aller Kultur und Denkleistung als Heide im *»Damals«* und ist Mächten *»versklavt, die in Wahrheit nicht Götter sind«.* Die fehlende Erkenntnis hat fatale Folgen; nicht nur eine Wissens- oder Erkenntnislücke besteht, sondern das ganze Leben gerät in eine falsche Richtung, in knechtende Abhängigkeit. Auch die heidnische »Religion« ist geprägt von Forderung und Versuchen, dem zu entsprechen, bringt in Furcht und knechtischen Dienst, genauso wie die »Gesetzesreligion« der Juden. Mächte, die keine göttliche Qualität beanspruchen können, zwingen den Menschen in ihren Bann (vgl. zu Vers 3). Darin ist das Wesen der falschen Götter entlarvt: Sie haben keinerlei göttliche Macht, die Menschen in ihrer Verblendung legen ihnen solche bei und geraten so in ihre Abhängigkeit (vgl. Röm 1, 22–23).

Die Götzen sind »Nichtse« (vgl. Jes 42, 17; Jer 16, 19), sie gewinnen ihre Macht erst durch die Menschen, die ihren ersonnenen Götzen solche Macht zusprechen. Sie werden dann aber doch zu beherrschenden dämonischen Mächten, denn der Teufel, der Gott dieser Welt, benützt sie als Schutzmasken für sein Tun. Die Bibel bezeugt durchgängig die Nichtigkeit der Götzen, doch weiß sie auch um ihre dämonische, den Menschen irreleitende und verderbende Macht. Wo keine Erkenntnis des wahren Gottes ist, da setzen sich »Nicht-Götter« auf den Herrscherstuhl, ja werden vom Menschen in seiner Gottessehnsucht darauf gesetzt und beherrschen ihn. Das war das »Damals« der Galater. Das ist das »Damals« jedes Menschen, bevor er Gott erkennt.

4, 9–10: »Nun ihr aber Gott erkannt habt, ja vielmehr von Gott erkannt seid, wie wendet ihr euch denn wiederum zu den schwachen und dürftigen Elementen, welchen ihr von neuem dienen wollt? Ihr haltet Tage und Monate und Feste und Jahre.«

Die Galater sind aus dem »Damals« herausgeführt worden, es gibt ein Neues für sie, das *»Jetzt«*, in dem sie *»Gott erkannt haben«*. Der Bedeutungsumfang des griechischen Wortes für »erkennen« ist groß und nicht auf einen Akt des Verstandes zu begrenzen. Selbst für die engste Gemeinschaft zwischen Menschen, nämlich die geschlechtlichen Begegnungen von Mann und Frau, kann das Wort gebraucht werden, wie ja auch das hebräische »jadah = erkennen« (vgl. 1. Mose 4, 1). *»Gott erkennen«*, das meint, sich ihm ausliefern, ihm vertrauen und seinem Heimruf glaubend folgen. Das kann ein Mensch gar nicht von sich selbst aus. Gott allein macht sich bekannt, er hat sich offenbart in seinem Sohn, so korrigiert Paulus sich selber oder verdeutlicht: *»besser: ihr seid von Gott erkannt«*. Er hat die Gemeinschaft mit euch gesucht. Er ist gekommen. Er hat euch gerufen und berufen. Das geschah aber eben durch die Predigt des Apostels bei ihnen (vgl. Röm 10, 17), deshalb klingt auch durch die folgende Frage der Schmerz: Wie kann es denn sein, nachdem ihnen solche Erkenntnis Gottes aufgegangen ist, nachdem Gott selbst sie gesucht und besucht hat, daß sie sich *»wieder umwenden«*? Indem sie auf die Irrlehrer hören, *»kehren sie tatsächlich wieder um«*, sie verlassen den eröffneten Weg der Nachfolge und gehen zurück. Es ist eine ganze Kehrt- und Rückwendung, so wie »umkehren« ja positiv die radikale Hinwendung zu Jesus Christus meint. So ernst ist dieser Vorgang.
Das ist der Rückschritt, die Kehrtwendung, daß sie sich wiederum *»von neuem«*, von vorne an die *»Elemente versklaven wollen«*. Dabei sind die Mächte im Licht der Erkenntnis Gottes ausdrücklich als *»schwach«* und *»dürftig«* entlarvt. *»Schwach«* steht hier ganz im Wortsinn, nämlich als »unvermögend sein«, »ohne Kraft und ohne Macht«, während *»arm«* die Bettlerexistenz dieser Elemente verdeutlicht: sie haben soviel, wie die Menschen ihnen irregeleitet geben, sie haben nichts aus sich selber, sind also mehr als »dürftig« und »bettelarm«. Solchen »Herren« wollen die Galater sich wieder beugen, nachdem sie den Herrn aller Herren, die neuschaffende Kraft Gottes erkannt und selbst erfahren haben? Schon die Frage macht den Widersinn deutlich.

Und doch ist es so. Die Galater sind auf dem besten Weg, eine solche Rückkehr zu vollziehen. Schon wieder lassen sie sich einfangen und *»halten Tage und Monate und Feste und Jahre«*. Das nicht nur im Sinne, daß sie das eben mitmachen, sondern ihr *»halten«* ist ein »Beobachten«, »ein pünktlich genaues Aufpassen«, wieder von der Furcht bestimmt, ja nichts zu versäumen und sich dadurch Unglück zuzuziehen. Die *»Tage«* sind – denken wir an die jüdischen Verführer – wohl die Sabbate, die nach jüdischer Gesetzesauslegung aufs genaueste eingehalten werden müssen, sonst ist der Schalom gefährdet. *»Monate«*, dabei können wir an die Neumonde denken, durch die jeder Monat dem Herrn geweiht wurde (vgl. 4. Mose 10, 10). *»Feste«*, das sind dann die großen jüdischen Feste, und *»Jahre«* meint wohl die »Sabbatjahre«. Ursprünglich hatte das alles Gott lobenden und anbetenden Sinn, aber unter der Sklaverei der Gesetzesfrömmigkeit verselbständigte sich dies alles, ja kehrte sich sogar gegen Gott. Gott wurde verdrängt und auf bestimmte Jahre, Tage, Feste und Monate eingegrenzt. Der Glaube wird zur Äußerlichkeit und die lebendige, tägliche Lebensgemeinschaft mit dem Herrn geht verloren. Darum hat Paulus Angst um die Galater:

4, 11: »Ich fürchte für euch, daß ich vielleicht umsonst an euch gearbeitet habe.«

Alle Angriffe der Irrlehrer (vgl. Kap. 1 u. 2) konnten den Apostel nicht so tief treffen, wie dieser Rückschritt seiner geistlichen Kinder. Er fürchtet nicht um sich und sein Ansehen, *»er fürchtet für die Galater«*, daß alle *»Mühe«*, – das griechische Wort meint besonders die missionarische Mühe – völlig umsonst gewesen ist. Er hat sich »abgemüht« (vgl. 2. Kor 6, 4–10; 11, 23–28) und in dieser seiner Mühe, die ja einzig und allein im Dienst für seinen Herrn entstand, ist wohl auch Gottes Mühe um uns Menschen abgebildet. Das alles sollte vergeblich sein? Dann wäre Gottes Tat und Mühe umsonst und vergeblich an ihnen, dann wären sie verloren. Dieser erschütternde Gedanke steht hinter diesem schmerzlichen Ausruf. So wie Jesus sogar über Jerusalem weint, nicht weil er gescheitert wäre, sondern weil diese Stadt nicht wollte, den Heilandsruf nicht hören wollte und so das Verderben auf sich zog (vgl. Luk 19, 41–44).

VORSCHLAG ZUR BIBELARBEIT ÜBER GAL 4, 8–11

1. Einleitung:

a) Was sagt die Bibel über die falschen Götter? Mit der Konkordanz sammeln wir die wichtigsten Aussagen.

b) Was heißt »Gott erkennen«? (Kommentar benützen)

c) Wo sind wir in Gefahr, fremden Mächten zu dienen? Prüffrage dafür: Wo lebe ich in Furcht?

d) Mögliche Überschrift: »Der Mensch erdenkt sich seinen Gott«.

2. Durchführung:

Eingangsgedanke: Ludwig Feuerbachs Kritik am Christentum: Der Mensch schafft sich seinen Gott selber und verfällt ihm dann. »Gott« ist für ihn die Übersteigerung menschlicher Wünsche, Sehnsüchte und Hoffnungen. Hat er nicht recht damit?

a) Einen Gott braucht der Mensch
Der Mensch ist nie seiner selbst mächtig und selbstgewiß: Das »geheime« Wissen um Gott (vgl. Röm 1, 19–23) begleitet ihn. Aber er verkehrt dieses Wissen. »Religion« (Barths Religionsbegriff) heißt: Wir wollen Gott machen. Auch die Gesetzesreligion tut solches. Sie »macht« sich Gott, indem sie ihm bestimmte Gebiete und Zeiten zuweist. Alle Halbheit ist Götzendienst. Wissen wir das noch? Die Bibel redet viel von anderen Göttern, aber sie sind Nichtse. Wir geben ihnen Macht und dann haben sie uns. Heutige

Beispiele: Horoskop, Maskottchen, jegliche Form von Aberglaube, selbst materieller Besitz kann Götze werden. Götzen werden zu Masken des Teufels. Dahinter übt er seine Herrschaft aus. Solcher Götzendienst ist gekennzeichnet durch sklavische Furcht.

b) Unser Gott gibt sich zu erkennen
Der biblische Gott offenbart sich, sonst könnten wir ihn nicht erkennen mit unseren verfinsterten Herzen. Er sucht unsere Gemeinschaft. Dann aber gibt es wahre Gotteserkenntnis. Das biblische »Erkennen« ist mehr als ein Verstandesakt. Schon das hebräische »jadah« meint die engste denkbare Gemeinschaft. Solche Erkenntnis ist nur im Sohn, das heißt für uns heute, im Wort Gottes zu finden. »Der Glaube kommt aus der Predigt.« Das ist das »Jetzt« im Leben eines Menschen. Jetzt kann er auch die Kraftlosigkeit und Erbärmlichkeit der selbstgeschaffenen Götter entlarven. Hast du das »Damals« überwunden und lebst im »Jetzt« der Gotteserkenntnis?

c) Ohne Gott ist das Leben vergeblich
Das ist die alles entscheidende Frage. Denn sonst ist das Leben vergeblich. Was für ein erschreckendes Urteil: Umsonst gelebt. Wir hören so viel Wort Gottes. Ist es umsonst und vergeblich an uns? Wir sollten über unser gleichgültiges Hören erschrecken!
Paulus hat sich in Galatien abgemüht. In seinem Mühen bildet er Gottes Mühe um uns ab. Wo wir nicht glaubend antworten, lassen wir Gott selbst umsonst einladen. Dann ist Jesus vergeblich gestorben. Solches »umsonst« hat aber auch die Härte des Gerichts als Ergebnis. Wem viel gegeben ist, von dem wird viel gefordert. Das gilt auch für die reiche biblische Kost, die wir oft so gelangweilt essen.

Schluß: Jesus lädt ein: Wer da will, der komme und nehme »umsonst«. Laß seinen Ruf nicht vergeblich sein.

5.2. GEDENKET DER VORIGEN ZEITEN, 4, 12–20

4, 12: »Werdet doch wie ich, denn ich wurde wie ihr; liebe Brüder, ich bitte euch. Ihr habt mir kein Leid getan.«

Nun wird der Apostel werbend persönlich. *»Werdet doch wie ich«*, das ist zunächst ein sehr selbstbewußter Satz. Paulus stellt sich als Vorbild hin. Er hat die Freiheit und den Mut, auf sich selbst zu verweisen. Er tut das auch sonst (vgl. 1. Kor 4, 16; 11, 1; Phil 3, 17). Allerdings eben nicht in menschlichem Selbstbewußtsein, sondern weil er ganz aus der Gnade Gottes lebt und auf diese Gnade baut. Paulus ist nicht nur Missionar und Lehrer seiner Gemeinden; er lebt ihnen das Evangelium auch vor. Ganz gewiß will er sich hier nicht als Sündloser empfehlen, wohl aber als gerechtfertigter Sünder.

Von der zweiten Satzhälfte her *»denn ich wurde wie ihr«* wird deutlich, daß er ganz bestimmte Lebens- und Verhaltensweisen vor Augen hat. Er, der fromme, eifrige jüdische Gesetzesgerechte hat das alles abgelegt und ist wie einer »ohne Gesetz« geworden (vgl. 1. Kor 9, 21). Und das ist kein taktischer Schachzug des Missionars; hier wird die Grundentscheidung, die seinen ganzen bisherigen Brief durchzieht, auch in seiner persönlichen Existenz aufgewiesen. Er hat das Gesetz als Heilsweg verworfen, die in der jüdischen Tradition angebotene Sicherheit aufgegeben und hält sich allein an die Gnade Jesu Christi. Er hat den Galatern nichts aufgezwungen, weder seine jüdische Lebensweise – er hätte sie ja durchaus beibehalten können, nur die Heilsbedeutung ablegen, wie Jakobus das offensichtlich tat, – noch seine persönlichen Ansichten. Er hat sich ganz zu ihnen gestellt, ist geworden wie sie und hat so das Evangelium verkündigt. Er forderte nichts und fordert auch jetzt nichts, im Gegenteil, *»ich bitte euch«* schreibt er. *»Ihr habt mir kein Leid getan«*, die Schärfe seiner Sätze vorher (vgl. 1, 6; 3, 13) beruhen gewiß nicht auf persönlicher Kränkung; sie drücken die sachliche Schärfe aus. Es geht nicht um eine persönliche Auseinandersetzung, sondern um das Evangelium. Auch die Anrede *»liebe Brüder«* bekundet zum wiederholten Mal die persönlich ungetrübte Beziehung des Apostels gegenüber den Galatern.

4, 13–15: »Ihr wisset doch, daß ich euch in Schwachheit des Leibes das Evangelium gepredigt habe das erste Mal. Und was euch anfocht an meinem Leibe, das habt ihr nicht verachtet noch verschmäht, sondern wie einen Engel Gottes nahmet ihr mich auf, ja wie Christus Jesus. Wie waret ihr dazumal so selig! Ich bin euer Zeuge, daß wenn es möglich gewesen wäre, ihr hättet eure Augen ausgerissen und mir gegeben.«

»Gedenket der vorigen Zeiten«, das könnte Thema dieser Verse sein, in denen der Apostel die enge Verbindung auch der Gemeinden zu ihm rückblickend herausstellt. Schon auf seiner ersten Missionsreise (vgl. Apg 16, 6) war er zu den galatischen Gemeinden gekommen, das war *»das erste Mal«*, daß er ihnen begegnete. Seine *»Evangeliumsverkündigung«* geschah damals *»in Schwachheit des Leibes«*. Damit kann wohl beides gemeint sein: Die Art und Weise seiner Verkündigung, die so gar nicht imponierend war (vgl. 1. Kor 2, 1–3), behindert sogar durch eine Krankheit, von der wir nichts Genaues wissen, außer, daß Paulus einmal ausdrücklich von einem *»Pfahl in meinem Fleisch«* redet (2. Kor 12, 7). Es kann aber auch der direkte Anlaß seines Aufenthaltes in Galatien gemeint sein, nämlich eben eine Erkrankung, die ihn nicht weiterreisen ließ, die ihn aber nicht hinderte, während dieser »Zwangspause« seinen Herrn zu bezeugen.

Wir können das nicht mehr sicher erhellen, doch wiesen ihn die Galater damals nicht ab. Sie reagierten nicht so, wie es im Orient häufig vorkam und vorkommt. Krankheit wird als Strafe der Götter angesehen oder dem Einfluß böser Geister zugeschrieben. Die Galater aber ließen sich nicht *»anfechten«*, sie sahen es nicht als eine »Zumutung« an – auch diese Bedeutung ist möglich – sich von so einem

Menschen anreden zu lassen. Sie wiesen ihn nicht zurück mit dem höhnischen Argument: »Was kann denn dein Evangelium schon Besonderes sein, wenn du selber ein Gestrafter und Geschlagener bist, wie man dir ja ansieht.« Sie *»verachteten«* ihn nicht und *»verschmähten«* ihn auch nicht. »Verschmähen« bezeichnet im Griechischen eine Handlung, nämlich wörtlich: »Ausspeien vor jemand«. Mit dieser abweisenden Geste suchte man sich vor den bösen Geistern, die den Kranken besetzt hatten, zu schützen und gab gleichzeitig seiner Abscheu Ausdruck. So haben die Galater sich nicht verhalten, *»sondern wie einen Engel Gottes«* nahmen sie ihn auf, ja *»wie Jesus Christus«*. Sie gewährten ihm die volle Gastfreundschaft. Sie sogen sein Evangelium begierig auf und erkannten in ihm den »Boten« Gottes, ja sie empfingen im Evangelium die Gegenwart Jesu Christi selbst. Indem sie den Boten Paulus, trotz seiner Schwachheit und Krankheit nicht abwiesen, kam der Herr selbst zu ihnen und indem sie den Boten aufnahmen, ehrten und ihm alle Liebe erwiesen, nahmen sie Jesus Christus selbst auf und anerkannten ihn (vgl. Matth 10, 40).

Damals priesen sie sich selber glücklich und selig. Sie hatten Jesus Christus gefunden und die freimachende, umwandelnde Kraft des Evangeliums erlebt. Sie glühten in der ersten Liebe. Fast fassungslos fragt der Apostel: *»Wo ist diese eure Glückseligkeit geblieben?«* Kann das alles vergangen und vergessen sein? Damals waren sie ihm in ungeheuchelter Liebe zugetan. Paulus bezeugt es ihnen noch jetzt: *»Ihr hättet eure Augen ausgerissen und mir gegeben, wenn es möglich gewesen wäre.«* Vielleicht deutet dieser Satz auf die Art der Erkrankung des Apostels hin, daß er etwa an einer, gerade im Orient häufigen Augenkrankheit gelitten hat. Doch auch wenn das bildliche Rede ist, wird deutlich, daß die Galater in ihrer Zuneigung zu größten Opfern bereit waren. Bei den vielen Augenkrankheiten, die häufig zur Erblindung führten, galt das Auge als eine besondere Gabe. Auch das Alte Testament nimmt diesen Vergleich öfters auf (vgl. 5. Mose 32, 10; Ps 17, 8; Sach 2,

12). Aber selbst dazu wären die Galater damals bereit gewesen, also ihr Bestes herzugeben, dem Apostel zuliebe.

4, 16: »Bin ich denn damit euer Feind geworden, daß ich euch die Wahrheit vorhalte?«

Die brüderliche Liebe wird aber auch daran erkannt und bewährt, daß in der Gemeinde Jesu Christi gegenseitige Ermahnung und das Aufdecken von Sünde und Irrwegen geschieht (vgl. Matth 18, 15–17; Phil 2, 1). Können die Galater schon das nicht mehr ertragen? Dann ist die Bruderschaft und Gemeinschaft tatsächlich aufs Höchste gefährdet. Ist Paulus wirklich ihr *»Feind geworden«*, nur deshalb, weil er sie zurechtweist, den Irrweg aufdeckt und ihnen *»die Wahrheit sagt«*? Es ist ja nicht irgend eine Wahrheit, die er ihnen vorhält; es ist die Wahrheit des Evangeliums selbst. Es ist der liebende Rückruf zu dem, der von sich sagt: »Ich bin die Wahrheit« (Joh 14, 6). Der Schmerz um die Irregeleiteten schwingt in dieser Frage des Apostels mit. Solche Feindschaft kann nicht durch das Evangelium gekommen sein. Das Evangelium eint und verbindet die Brüder. Da sind andere Einflüsse am Werk. Die Galater sind verführt worden. Deshalb greift Paulus die Verführer selbst an und legt ihre eigensüchtigen Motive bloß:

4, 17–18: »Es ist nicht recht, wie sie um euch eifern; sie wollen euch nur von mir abwendig machen, daß ihr um sie sollt eifern. Eifrig umworben zu werden ist gut, wenn's im Guten geschieht immerdar und nicht allein dann, wenn ich anwesend bei euch bin.«

»Es ist nicht recht«, ganz und gar nicht ehrenhaft, wie diese Leute – Paulus benennt sie auch hier nicht näher – *»um euch eifern«*. Ihr »Umwerben« geschieht aus eigensüchtigen Interessen. Sie wollen die galatischen Christen von Paulus und damit aber auch von dem von ihm verkündigten Evangelium *»abwendig machen«*. Vom Negativen her wird

die vertrauliche, enge Beziehung zwischen dem Apostel und seinen Gemeinden hier noch einmal deutlich. Die Galater hängen an ihm, denn sonst müßten sie nicht erst von ihm getrennt werden. Das griechische Wort bedeutet eigentlich »ausschließen«. Vielleicht steckt dahinter sogar ein drohendes Argument der Irrlehrer, etwa so: »Wenn ihr weiterhin euch an diesen Paulus anschließt und an seine Botschaft, seid ihr ausgeschlossen von der echten und wahren Gemeinschaft mit Gott, die ihr nur durch unsere Lehre haben könnt. Schließt euch aus von Paulus, dann seid ihr im Heil.« Dabei suchen sie ihre eigene Ehre, *»ihr sollt um sie eifern«*, sie wollen von den Galatern hofiert und umworben werden und die Christen an sich binden.

Es ist ja nicht von vornherein schlecht, den anderen zu ehren und ein inniges Verhältnis zu pflegen, allerdings *»wenn's im Guten geschieht«* und das heißt: Wenn es von guten, vom Evangelium durchläuterten Absichten getragen ist. Das zeigt sich u. a. auch an der Dauerhaftigkeit solch inniger Beziehungen. Darum sagt der Apostel ausdrücklich: *»Nicht allein dann, wenn ich anwesend bin bei euch.«* Auf das *»immerdar«* kommt es an. Die Gemeinschaft in der Gemeinde trägt auch in der Entfernung, dann in herzlichem Gedenken der Fürbitte. Wenn das nicht mehr da ist, dann wird die Gemeinschaft, auch wenn man wieder zusammen ist, zur Heuchelei.

4, 19–20: »Meine lieben Kinder, welche ich abermals mit Ängsten gebäre, bis daß Christus in euch Gestalt gewinne! Ich wollte, daß ich jetzt bei euch wäre und meine Stimme wandeln könnte; denn ich bin irre an euch.«

Der Apostel hält von seiner Seite aus diese innige Verbindung fest, wie es der ganze Brief zeigt, besonders aber auch die Anrede jetzt: *»Meine lieben Kinder«*, die Paulus nur an dieser einen Stelle gebraucht. Er sorgt sich um die Gemeinden, wie sich eine Mutter um ihre Kinder sorgt, ja mehr noch: Er hat sie damals bei seiner ersten Verkündigung »geboren«. Und nun sieht er, daß er sie *»abermals mit Ängsten gebären«* muß, soll nicht alles vergeblich gewesen sein. Wenn der Glaube einen Menschen erfaßt, dann wird er »von neuem geboren« (Joh 3, 3). So empfand der Apostel damals das Wirken des Geistes, wie eine Frau den Schmerz und die strahlende Freude einer Geburt empfindet. Sie werden nicht durch Paulus geboren, aber doch durch seine Verkündigung des Evangeliums, die der Geist Gottes benützt. Paulus sieht sich als »geistliche Mutter« seiner Gemeinden.

Der Vorgang der Geburt ist mit Wehen, mit großen Schmerzen und Ängsten verbunden. Etwas von diesen Ängsten durchleidet der Apostel im Blick auf die Galater, denn er muß zum zweiten Mal darum ringen, daß die »neue Geburt« sich verwirklicht in ihnen, daß nämlich *»Christus Gestalt in ihnen gewinnt«*. Das ist das Ziel des Evangeliums, daß der Mensch umgestaltet wird in den neuen Menschen, daß er durchscheinend wird für die Christusart und den Christussinn. In ihrem Abfall verleugnen die Galater dieses ihnen vorgestellte Bild und darum sind die Schmerzen noch einmal da, die Schmerzen und Ängste, die dieses Abtöten des alten Menschen stets begleiten.

Paulus schließt diesen Abschnitt fast traurig. *»Ich wollte, daß ich jetzt bei euch wäre«*, es zieht ihn zu diesen verirrten Kindern. Dann *»könnte er auch seine Stimme wandeln«*. Das Ungenügen eines Schreibens kommt ihm zum Bewußtsein. So, in Worten und Sätzen niedergeschrieben, könnten seine Mahnungen und Bitten verhärtend und verletzend herauskommen; die brüderliche Liebe aber entfaltet sich erst voll in der persönlichen Gemeinschaft. Doch er will ihnen mit diesem Brief alle Gelegenheit zur Einsicht und Umkehr geben. *»Ich bin irre an Euch«*, das ist noch einmal ein Blick in das verwundete Herz des Apostels: *»Ich bin in Not geraten um Euch«*, ich leide um Euch.

VORSCHLAG ZUR BIBELARBEIT UBER GAL 4, 12–20

1. Einleitung:

a) Was erfahren wir in diesem Abschnitt über das Verhältnis des Paulus zu seinen Gemeinden und über ihn persönlich?

b) Wissen wir voneinander als Jünger Jesu um unsere Nöte und Ängste? Zieht sich nicht jeder in sein Schneckenhaus zurück?

c) Was sagt die Bibel über die gegenseitige Ermahnung? (Wir lesen besonders Matth 18, 15ff.).

d) Mögliche Überschrift: »Christliche Bruderschaft ist sehr persönlich.«

2. Durchführung:

Einleitung: Es gibt soviel Kälte in unseren christlichen Gemeinden. Kälte, weil wir einander so kalt begegnen, weil uns der andere oft so kalt läßt und das, was ihn umtreibt. Paulus strahlt die Wärme brüderlicher Liebe aus, auch im Schmerz.

a) Jünger Jesu leben die Liebe untereinander
Brüderliche Liebe erweist sich in konkreten Schritten: Paulus wurde wie die Galater. Er gleicht sich ihnen an. Nimmt sie, wie sie sind, doch ohne sein Evangelium aufzugeben. Die Galater nahmen Paulus an und auf, trotz seiner Krankheit. Solches gegenseitige Annehmen ist der Grundschritt der Liebe. Geschieht das noch unter uns? Wie oft sagen wir uns den ersten Teilsatz: »Werde wie ich!« Die Galater tun Paulus alles zuliebe, gerade in seiner äußerlichen Not. Wie gleichgültig bleiben wir oft gegeneinander. Die Werke der Barmherzigkeit müssen in der Gemeinde eingeübt werden. »Wo ein Glied leidet, da leiden alle Glieder mit.« Hat in unseren Gemeinden der Schwache noch einen Platz? Das »neue Leben«

vollzieht sich in der brüderlichen Liebe, die auch über Entfernungen hinweg hält.

b) Solche Liebe erträgt auch die Ermahnung
Diese Liebe leidet um den andern. Die schwäbische »Liebeserklärung« drückt das noch aus: »I ka di leide.« Sie läßt den irrenden Bruder nicht laufen, sondern ringt um ihn, nicht von oben herab, sondern im Schmerz. Ermahnung ist eine nötige Form der Bruderliebe. Daß man einander die Wahrheit sagen kann, ohne daß Feindschaft entsteht. Wir schrecken da so oft zurück, wir sagen doch nicht unsere Wahrheit, sondern reden vom Herrn der Wahrheit. Ohne solche Ermahnung bleibt die Liebe flach; denn geduldete Sünde tötet die Gemeinschaft ab. Wir brauchen den Mut von Gottes Geist her zu solcher Ermahnung. Es ist Mut, gekennzeichnet durch die Demut.

c) Ermahnung will wieder zu Jesus hinführen
Die Irrlehrer in Galatien handeln aus eigensüchtigen Motiven und wollen die Christen an sich binden. Das ist ein Irrweg der brüderlichen Liebe, wo wir nur aneinander und nicht an Jesus binden. Ermahnung in Liebe will den Bruder zu Jesus zurückrufen. Und das ist kein leichtes Geschäft. Es ist ein Ringen um den andern. Nicht ich soll der Prägende werden, sondern Christus will Gestalt gewinnen. Das kostet Kraft. Paulus öffnet sein Innerstes, er zeigt seinen Schmerz und seine Ängste. Daran wird aber sichtbar, wie viel ihm die Galater wert sind. Lassen wir den Bruder gerade auch in seinem Irrweg unseren Schmerz sehen? Ist er uns so viel wert? Er soll es uns wert sein, denn Christus will uns in sein Bild gestalten.

Schluß: Es muß unter uns wieder wärmer werden. Die Gemeinde ist eine Wärmestube!

6. EIN BIBLISCHES GLEICHNIS FÜR DAS VERHÄLTNIS VON GESETZ UND VERHEISSUNG, 4, 21–31

Paulus leidet an den Galatern und um sie, aber er gibt sie nicht auf. Missionsarbeit ohne ausdauernde Geduld bringt wenig Frucht, das wird hier sichtbar. In einem biblischen Gleichnis versucht der Apostel noch einmal, den irrenden Christen das Verhältnis von Gesetz und Verheißung zu verdeutlichen. Er nimmt sicher sehr bewußt diese bekannte alttestamentliche Erzählung von Hagar und Sara und tritt damit den Irrlehrern mit ihren eigenen Waffen entgegen. Sie berufen sich ja auf Abraham und den Bund und nehmen das für sich in Anspruch.

4, 21–23: »Saget mir, die ihr unter dem Gesetz sein wollt: Höret ihr nicht das Gesetz? Denn es steht geschrieben, daß Abraham zwei Söhne hatte, einen von der Magd, den andern von der Freien. Aber der von der Magd war, ist nach dem Fleisch geboren; der aber von der Freien ist durch die Verheißung geboren.«

Die galatischen Christen sind dabei, den Irrlehrern zu folgen und sich dem Gesetz zu unterstellen, indem sie ihr Leben danach ausrichten. Noch ist das nicht endgültig, das *»ihr wollet«* deutet darauf hin, daß die ganze Bewegung in den Gemeinden in diese Richtung der Gesetzesfrömmigkeit geht. Nun sollen sie aber dem Apostel antworten, eben aus dem Gesetz und sich so Rechenschaft über ihr Vorhaben geben. *»Gesetz«* meint hier sehr gezielt die fünf Bücher Mose. Paulus stellt ihnen eine Frage: *»Höret ihr nicht das Gesetz?«* Darin ist auch eine Kritik enthalten: Die Galater sind den eingängigen Lehren und den durchsichtigen Reden der Irrlehrer verfallen. Bevor sie ihnen so einfach folgen und zustimmen, sollten sie doch auf die Schrift, das Gesetz selber hören. Erst dann können sie auch prüfen, ob das wirklich so ist, wie behauptet wird. Wir könnten die Frage ausführlicher so formulieren: »Habt ihr wirklich genau auf die Schrift gehört? Habt ihr diese Lehren, die euch so beeindrucken, tatsächlich an der Schrift selber nachgeprüft?« Und als mahnender Einwand: »Bevor ihr einen Willensentschluß ausführt, hört einmal auf die Schrift selber, ob sie wirklich zu eurem Vorhaben Ja sagt.« So wird ein Christ ganz leicht verführbar, wenn er nicht mehr auf die Schrift selber hört und sein Denken und Handeln allein von dort her prüfen und korrigieren läßt.

Es ist deutlich, daß Paulus darauf vertraut, daß bei einem echten Hören auf die Schrift Verführung aufgedeckt wird, Irrlehre erkannt wird und Leitung auf gutem Wege erfolgt. Was sagt nun die Schrift, was *»steht geschrieben«*? Paulus greift auf die Geschichten um Hagar, Sara und Abraham zurück (vgl. 1. Mose 16 und 21). Das Alte Testament berichtet von zwei Söhnen Abrahams – die 6 Kinder der Ketura (vgl. 1. Mose 25, 1–4) sind in diesem Zusammenhang nicht wichtig, bzw. sie verkörpern alle die »Ismael-Linie«. Ein Sohn stammte von der Sklavin Hagar und der andere von Sara, Abrahams rechtmäßiger Frau. Obwohl beide Söhne Abrahams sind, ist doch ein entscheidender Unterschied, und zwar im Blick auf ihren Ursprung. Der Sohn der Sklavin wurde aus menschlichen Erwägungen heraus gezeugt. Die alte, kinderlose Sara gab ihrem Mann ihre Sklavin als Nebenfrau, damit wenigstens ein Erbe geboren wurde. Sie selbst war ja nicht mehr fähig dazu.

Aber Gott selbst gab ihr und ihrem Mann die Verheißung, daß sie beide noch ein Kind haben sollten, trotz des hohen Alters der Sara und obwohl es ihr, wie die Bibel sehr deutlich sagt »nicht mehr ging nach der Frauen Weise« (1. Mose 18, 11). Isaak *»ist durch die Verheißung geboren«*, allein die Zusage Gottes und sein Versprechen sind der Grund für seine Geburt. Er befähigt Abraham und Sara, wo menschlich keinerlei Möglichkeiten mehr sichtbar waren. Ismael *»ist nach dem Fleisch geboren«*; das heißt nach menschlichen Überlegungen, Planungen und Gegebenheiten. Was soll nun diese vergangene Geschichte? Paulus legt sie in genauem Hinhören aus.

4, 24–26: »Diese Worte bedeuten etwas. Denn das sind die zwei Testamente: eins von dem Berg Sinai, das zur Knechtschaft gebiert, welches ist die Hagar; denn Hagar heißt in Arabien der Berg Sinai und ist ein Gleichnis für das Jerusalem dieser Zeit, das dienstbar ist mit seinen Kindern. Aber das Jerusalem, das droben ist, das ist die Freie; die ist unsre Mutter.«

Hinhören auf die Schrift heißt immer auch verstehen und damit Auslegung der Schrift. So kommt es zu klarer Lehre, daß wir das Wort der Schrift lesen und dann auch anwenden. Der ersten Frage: »Was sagt die Schrift?«, folgt die zweite Frage notwendig: »Was sagt die Schrift für jetzt?« und die persönlich anredende Frage: »Was sagt die Schrift uns bzw. mir?« Die Bibel kann nicht einfach zur Kenntnis genommen werden, sondern *»diese Worte bedeuten etwas«*. Die Worte Gottes haben Konsequenzen, sind Fragen an mich und wollen mich anreden, sind Worte an mich. Das gilt es zu erkennen. So legt Paulus diese Geschichte aus. Er fragt nach der »Bedeutung«. Das griechische Wort: »allegoreo«, unser Fremdwort »Allegorie« zeigt dabei auch die Art und Weise der apostolischen Schriftauslegung. Er fragt hier nicht nur nach dem Wortsinn, sondern auch nach dem »bildlichen Sinn« der biblischen Texte. Das ist eine wichtige Art der Schriftauslegung, die oft zum besseren und vertieften Verständnis anleitet.

Diese Auslegung der Schrift macht ernst mit der Erkenntnis, daß die biblischen Texte nicht einfach historische Texte sind und deshalb nur Vergangenheitswert besäßen, sondern daß das Wort der Schrift ein lebendiges, jede Zeit durchleuchtendes Wort Gottes ist. Allerdings kann solche bildliche Auslegung auch weit überzogen werden und in Texte viel hineinlesen, was gar nicht drinsteht. Der erste Schriftsinn ist immer der Wortsinn. Für die biblische allegorische Auslegung gilt: a) Sie darf dem Gesamtzeugnis der Schrift nicht widersprechen, b) sie kann den Wortsinn nicht in das Gegenteil verkehren, c) sie soll zur Verdeutlichung und Vergegenwärtigung des Textes beitragen und d) sie sollte in jeder Auslegung begründet werden.

So legt Paulus nun diese Geschichte aus: *»Das sind die zwei Testamente.«* In Hagar und Sara und ihren Söhnen sieht Paulus zwei heilsgeschichtliche Linien angelegt, zwei *»Verfügungen«* und Ordnungen Gottes; *»Testament«* ist dabei nicht einfach mit altem und neuem Bund gleichzusetzen. Es sind vielmehr zwei Willenskundgaben Gottes (vgl. 3, 15.17). Hagar steht dabei für die Gottesordnung, die am Berg Sinai geoffenbart wurde, die Ordnung des Gesetzes. Und das ist nun nicht mehr überraschend nach allem, was der Apostel vorher gesagt hat, diese Verfügung *»gebiert in die Knechtschaft«*. Wer sich dieser Ordnung unterwirft, der lebt im Stand eines Sklaven, gekennzeichnet durch Anordnungen und Befehle, die Pflichterfüllung und unbedingten Gehorsam fordern.

Paulus begründet seine bildliche Auslegung der Hagar mit einem, von uns allerdings nicht ganz zu erhellenden Satz: *»Hagar heißt in Arabien der Berg Sinai.«* Gewichtige Bibelhandschriften lassen *»Hagar«* weg, dann hieße der Satz: *»Der Berg Sinai liegt in Arabien.«* Auch das ergibt einen Sinn. Der Berg Sinai liegt nicht im Land der Verheißung. Schon seine Lage zeigt die geminderte Bedeutung. Andere Bibelhandschriften bezeugen unseren Wortlaut. Doch ändert sich auch dann nichts Erhebliches. Die Ortsangabe bleibt ja: Der Sinai liegt außerhalb des gelobten Landes, im Gebiet von unterjochten Völkern, die sich selbst als Nachkommen der Hagar bezeichnen. Und, das ist eine zweite Begründung, diese Völker nennen den Berg Sinai *»Hagar«*, wobei wohl das arabische Wort »tradjar« = Fels, Stein gemeint ist. Doch nennt Paulus noch eine weitergehende Gleichung: Hagar, das ist die Gesetzesordnung vom Sinai, und das *»ist ein Gleichnis für das Jerusalem dieser Zeit, das dienstbar ist mit seinen Kindern«*. So wird Allegorie verdeutlicht und vergegenwärtigt. *»Jerusalem«* steht für das gesetzesfromme Judentum zur Zeit des Paulus. Er sagt deshalb ausdrücklich *»mit seinen Kindern«*. Hagar »entspricht« diesem Israel in der Sklaverei des Gesetzes. Darauf zielt die Bildrede ab: Israel lebt in der Knechtschaft des Gesetzes. Der Sohn der Hagar war und blieb Sklave, denn er war von einer Sklavin geboren und geradeso gebiert die Gesetzesfrömmigkeit in die Sklaverei unter dem Gesetz. Immer wieder beeindruckt die konsequente Haltung des Apostels. Wie provozierend mußte diese Gleichung auf die Juden wirken. Ihr Haß gegen ihn wird schon verständlich. Wie tiefgreifend aber auch ist die Umkehr gewesen, die Paulus in der Begegnung mit dem auferstandenen Christus erfahren hat. Er »achtet es alles für Schaden«, was ihm vorher »Gewinn« war (Phil 3, 7ff.).

Hagar steht Sara gegenüber. Paulus nennt nun nur noch das wichtigste Glied dieser Gleichung der Verheißung: *»Das Jerusalem, das droben ist, das ist die Freie.« »Jerusalem«* steht hier für das neue Gottesvolk, für die Gemeinde Jesu Christi, für seine Kirche. Mit dem *»droben«* nimmt Paulus alttestamentliche Verheißungen (vgl. Jes 54, 10ff.; Jes 62; 65, 17ff.) auf, in denen von der zukünftigen Herrlichkeit Jerusalems in der messianischen Zeit die Rede ist. Dieses »neue Jerusalem« wird Gott selbst in dieser Zeit vom Himmel herabführen, das ist alte jüdische Hoffnung, aber auch neutestamentliche Hoffnung (vgl. Offb 21, 2ff.; Hebr 12, 22). Die Gemeinde Jesu Christi, die vollendete Verheißungslinie aus Sara ist die *»Freie«*, denn Sara *»die Freie«* ist Sinnbild dafür. Diese »Freiheit«, ganz gezielt die Freiheit vom Gesetz, macht die an Jesus Gläubigen zu solchen »Freien«. Sie haben ihre *»Mutter«* im freien *»Jerusalem, das droben ist«*, in der Gemeinde des auferstandenen Herrn.

4, 27: »Denn es steht geschrieben: ›Sei fröhlich, du Unfruchtbare, die du nicht gebierst! Brich hervor und rufe, die du nicht schwanger bist! Denn die Einsame hat viel mehr Kinder, als die den Mann hat.‹ «

Auch diese zweite Gleichnislinie von Sara bis zur freien Gemeinde der Kinder Gottes begründet Paulus. Er tut das mit einer Schriftstelle aus dem Propheten Jesaja (54, 1), in der er von der neutestamentlichen Erfüllung her das Geschick Saras angesprochen findet. Zunächst erklingt dieses Prophetenwort, diese Gottesverheißung, über Israel in der Verbannung und über die zerstörte Stadt Jerusalem. Doch ist hier mehr als die völkische Hoffnung Israels angesprochen, wenn auch das Judentum dieses Wort immer so gelesen hat. Und diese Dimension wird auch in Israel bei der Wiederkunft Jesu erneut aufleuchten. Paulus aber deutet diese Verheißung im Licht des Christus auf das *»Israel dem Geiste nach«*. *»Fröhlich wird die Unfruchtbare sein«*, ja ist sie jetzt, die der Schande der Kinderlosigkeit ausgesetzt war. Jetzt kann sie *»ausbrechen«* in Jubel und Dank und *»laut rufen«*, obwohl sie nicht *»in Wehen liegt«*. Gott hat ihr Kinder erweckt. Sie, *»die Einsame«*, die verstoßen worden ist. Denn Israel als Volk ist einen eigenen Weg gegangen. *»Sie hat viel mehr Kinder, als die den Mann hat.«* So hat Sara hinter Hagar zurückstehen müssen und ihren Ehemann ihr überlassen, dann aber hat Gott gehandelt. Wie an Sara durch seine Verheißung, so auch jetzt am »einsam« gewordenen Jerusalem, wo der echte Glaube verloren gegangen ist. Gott hat neues Leben geschenkt, mitten in der Öde die Neugeburt in Jesus Christus gewirkt. Deshalb schließt Paulus diesen Gedanken so ab:

4, 28: »Ihr aber, liebe Brüder, seid wie Isaak Kinder der Verheißung.«

Das ist die dritte Stufe dieses biblischen Gleichnisses: Es wird zur persönlichen Anrede, Zusage und Mahnung. Das christliche Selbstbewußtsein gründet in dieser neuschaffenden Tat Gottes an uns. Wir sind Kinder der Freien und wie Isaak Kinder der Verheißung. Ganz persönlich wendet sich der Apostel an die Galater. Deshalb auch sind sie ihm Brüder, weil sie aus der Verheißung Gottes neu geboren sind. Wieder klingt die unausgesprochene Frage durch: »Wollt ihr wirklich davon wieder weg?«

4, 29–31: »Aber wie zu jener Zeit der nach dem Fleisch Geborene verfolgte den, der nach dem Geist geboren war, so geht es auch jetzt. Doch was spricht die Schrift? ›Stoß die Magd hinaus mit ihrem Sohn; denn der Magd Sohn soll nicht erben mit dem Sohn der Freien.‹ So sind wir nun, liebe Brüder, nicht der Magd Kinder, sondern der Freien.«

Die Gemeinde Jesu Christi ist die Schar der *»Freien«*. Auch wenn ihre äußere Lage sie gar nicht so aussehen läßt. Es ist wie *»zu jener Zeit«*, wie damals bei Ismael und Isaak. Paulus zieht das biblische Gleichnis weiter. Schon in der Familie Abrahams ist die Auseinandersetzung aufgebrochen. Ist sie nicht selbstverschuldete Folge der menschlichen Pläne und Wege Abrahams und der Sara? Wieviel Streit, Unglück und Not laden wir Menschen uns mit unserem eigenen Planen und Wollen auf! – eben wenn wir nicht auf Gottes Verheißung trauen und auf ihn warten. *»Der nach dem Fleisch Geborene verfolgte den nach dem Geist Geborenen.«* Ismael, der Sohn der Sklavin, von Abraham aus eigenem Willensentschluß zur Lösung seiner Notlage erzeugt, er »trieb Mutwillen«, eigentlich, er verspottete den Isaak (vergl. 1. Mose 21, 9), er *»verfolgte«* ihn, sagt Paulus. Nicht nur die beiden Kinder sind hier im Blick, sondern sicher auch die folgende Entwicklung: Joseph wird von seinen Brüdern an Ismaeliter verkauft (vgl. 1. Mose 37, 28), Gideon wurde durch das Gold der Ismaeliter zum Götzendienst verführt (vgl. Richt 8, 24–27), und in Ps 83, 6–7 wird Ismael ausdrücklich unter den Feinden Israels genannt.

»So geht es auch jetzt.« Die junge christliche Gemeinde ist der Verfolgung der Juden ausgesetzt. Paulus selbst ist ja in seinem früheren, schrecklichen Eifer ein beredtes Zeugnis für solche Verfolgung (vgl. Apg 8, 1 ff.; 9, 1 ff.). Die gesetzestreuen Juden suchen die Gesetzesbrecher und Gotteslästerer, die die Christen in ihren Augen sind, auszutilgen. Sie liefern, wie Jesus selbst, so auch im geschichtlichen Fortgang seine Gemeinde den Römern aus, die das blutige

Werk der Verfolgung oft auf grausige Weise taten. Hier gibt es keinen Kompromiß, weder für die Juden, noch für die Christen. Wie dringlich wird nun die Eingangsfrage des Apostels: *»Habt ihr wirklich auf die Schrift gehört, bei eurem Willen, das jüdische Gesetz zu übernehmen?«*

Denn *»was spricht die Schrift«*? *»Wirf sie hinaus«*, so hart verlangt es Sara damals von Abraham, und er gehorcht (vgl. 1. Mose 21, 10). Ismael kann als Sklave *»nicht erben mit dem Sohn der Freien«*. Sara handelt hier in Übereinstimmung mit Gottes Willen und Plan (vgl. 1. Mose 21, 12), denn nur Isaak, der Sohn der Verheißung, ist erbberechtigt, ihm sind alle Güter zugesprochen. Das *»wirf hinaus«* ist keine Aufforderung zu einer Verfolgung mit umgekehrten Vorzeichen, daß jetzt die Christen solche Verfolgungen einleiten sollen. Es findet sich keine direkte Anrede an die Galater. Doch das damalige Geschehen kann sie vor jedem Ausgleich warnen. Ismael kann nicht erben. So verspielt jeder sein Erbe, der in diese Linie tritt. Die falschen Lehren müssen abgewiesen werden. Es gibt keine Gemeinschaft mit den Irrlehrern. Weil Israel sich unter das Gesetz stellt, kann es nicht erben; das sollen die Galater erkennen und sich warnen lassen.

Nun schließt Paulus dieses Beispiel in ganz persönlicher Zuspitzung ab. Er schließt sich wieder mit den Galatern zusammen in der Feststellung: *»So sind wir nun, liebe Brüder, nicht der Magd Kinder, sondern der Freien.«* Das ist eine Aussage über die Qualität, die wir als Kinder Gottes haben. Wer die Schrift wirklich aufmerksam liest, hinhört, der wird sich selbst in dieser Geschichte erkennen können. Das wird bedrängend persönlich, die Feststellung *»wir sind Kinder der Freien«* wird begleitet von der ernsten Frage: »Machen wir uns nicht selbst wieder zu Sklaven?«

VORSCHLAG ZUR BIBELARBEIT ÜBER GAL 4, 21–31

1. Einleitung:

a) Wir lesen 1. Mose 21, 1–21: Was erfahren wir dort über Isaak und Ismael?

b) Was ist eine Allegorie? Wo sind die Grenzen dieser Art der Schriftauslegung?

c) Wir sammeln in einem Rundgespräch unsere Gedanken zu diesem Begriff »Freiheit«.

d) Mögliche Überschrift: »Wir sind Kinder der Freien«.

2. Durchführung:

Einleitung: Die Sara-Hagar Geschichte (1. Mose 16 u. 21). In kurzen, aber plastischen Zügen die beiden Gestalten herausstellen. Abraham bleibt hier mehr im Hintergrund. Ziel: Die beiden Söhne können nicht in einem Haus leben.

a) Kinder reifen im Hören
Paulus verweist die Galater auf die Schrift. Dort sollen sie sich prüfen und ihre Entschlüsse überdenken. Das AT leistet diesen Dienst. Hören – ganz personal, denn dort redet Gott selbst. Das ist unser großes Vorrecht: Wir hören als Kinder Gottes seine Stimme. Die Bibel ist uns mehr als eine interessante historische Urkunde. Das AT im Lichte der Christuserfüllung hören. Das zeigt Paulus hier. Gott hat geredet – damals zu Sara und Hagar. Gott redet heute – durch diese Worte zu den Galatern. Gott redet zu mir – wie damals in die Verwirrung der Gemeinden hinein, so fragt uns diese Geschichte auch heute nach unserem Standort: Sind wir Kinder der Freien? Doch ohne Hören auf die Schrift gibt es

keine Erkenntnis und kein Reifen. Dabei ist das Gesamtzeugnis der Schrift zu sehen. Hören geschieht gemeinsam, in der Gemeinde. Aber ohne das Hören auf die Schrift geht die Gemeinde in die Irre.

b) Im Hören gewinnen wir die Richtung
Was sagt nun die Schrift inhaltlich? Wir sind berufen zu Kindern der Freien. Es sind zwei Verfügungen Gottes: Das Gesetz (Hagar) hält im Sklavendienst fest. Der Sinaibund mit dem Gesetz führt in die Knechtschaft. Wo wir das Gesetz als Heilsweg ansehen, sind wir dessen Sklaven. Ein erschütterndes Urteil ergeht so über das gesetzesfromme Judentum: Sie sind Hagars Nachkommen. So klar urteilt die Schrift, wenn sie von Jesus Christus her gehört wird. Das Jerusalem, das versklavt ist in all seiner Frömmigkeit. Gott aber hat eine neue Richtung: angelegt in Sara – Isaak – Jerusalem, das droben ist = die Gemeinde Jesu Christi. Von ihm selbst ins Leben gerufen, so faßt Paulus Jes 54, 1. Den Nationalinteressen Israels entwunden. Hier gibt es nur ein Entweder-Oder, wie schon damals bei Isaak und Ismael.

c) Die Richtung ist eindeutig die Freiheit
Ein Ausgleich zwischen Gesetz und Verheißung gelingt nicht. Wir lernen das auch geschichtlich: Das Judentum hat die Gemeinde Jesu an Rom ausgeliefert. Sie selbst galten als »erlaubte Religion« und genossen den Schutz der Religionsgesetze. So blieb es durch Jahrhunderte. Jünger Jesu kommen mit ihrer Eindeutigkeit der Freiheit in Verfolgung hinein. Trotzdem dürfen sie ihre Freiheit nicht aufgeben. »Stoße hinaus« – keine christliche Gegenattacke ist gemeint, sondern der schmerzliche Vorgang notwendiger Scheidung. Das Gesetz bietet Sicherung an, auch Sicherung vor Verfolgung. Doch unsere Sicherheit ist die Gewißheit: Wir sind Kinder der Freien. Jesus Christus hat uns in seiner Selbsthingabe die Sicherheit des von Gott Gehaltenen vorgelebt.

Wir dürfen erben, das heißt, er gibt uns Teil an solchem Gehaltenwerden.

Schluß: Wir sind Kinder der Freien. Aller Nachdruck liegt auf dem *sind.*

7. AUFRUF ZUR RECHTEN FREIHEIT, 5, 1–12

Vier Kapitel lang hat Paulus in immer neuen Anläufen das harte Entweder-Oder von Gesetzesfrömmigkeit und Gerechtigkeit aus Glauben entfaltet; nun faßt er alles in einem klaren Anruf zusammen. Keine theoretischen Gedankengänge, keine lebensferne Dogmatik, sondern die konkrete Lage der Galater in ihrer Verwirrung erfordert diese grundsätzlichen Klärungen. Dabei wird richtige christliche Lehre vorgestellt, sie geschieht auf Grund der Heiligen Schrift, auf einem tiefen Fundament der Erkenntnis des Willens Gottes. Paulus läßt sich im Galaterbrief viel Zeit, um dieses Fundament zu legen, so daß es allen Erschütterungen standhält, dann aber wird das Haus darauf gebaut und das heißt, die ganz konkrete Situation geklärt. Das sind keine kurzatmigen Ratschläge oder Denkhilfen, sondern in der Heilsgeschichte Gottes und dem Weg der Gemeinde festgemachte, vorgestellte und erprobte Leitlinien. Darin liegt das Gewicht der nun folgenden Mahnungen. Sie sind keine oberflächlichen Willensappelle, die nur wenig nützen. Sie sind Rufe zurück zum Fundament, sie sind damit letztlich Einladungen und Angebote, in die Segenslinie wieder einzutreten.

7.1. OHNE DIE BESCHNEIDUNG, 5, 1–6

5, 1: »Zur Freiheit hat uns Christus befreit! So stehet nun fest und lasset euch nicht wiederum in das knechtische Joch fangen!«

»Zur Freiheit hat uns Christus befreit!« – das ist der Überschriftssatz über jede weitere Mahnung; das ist aber auch die Zusammenfassung alles bisher Dargelegten. Die *»Freiheit«*, die Paulus hier benennt, ist damit zunächst die Freiheit vom Gesetz. Wer in Christus ist, sein Jünger geworden ist, der lebt nicht mehr unter dem Gesetz, unter dem fordernden und vernichtenden Gesetz der Vergeltung; er lebt nun in der Vergebung. *»Christus hat uns befreit«*, kein anderer konnte das tun. Er hat die »Mächte« (vgl. 4, 3.9) besiegt. Sünde, Satan und Tod haben kein Anrecht mehr an den Kindern Gottes. Jesus hat sie freigekauft. *»Steht nun fest«*, solche Freiheit muß und kann festgehalten werden und das geschieht eben so, daß wir uns auf diese »objektive« Heilstatsache stellen, auf die Erlösung, die am Kreuz Jesu Christi geschehen ist.

Die Irrlehrer wollen den Galatern diesen festen Stand nehmen. Paulus sagt ganz hart: sie wollen euch *»wieder in das knechtische Joch fangen«*. Das *»Joch«*, das Holz, unter das die Zugtiere ihre Nacken beugen müssen, in das sie zur Arbeit eingespannt werden, um ihren eigenen Willen zu brechen, ist ein Bild für Sklaverei. Wer unter dem Joch geht, kann nicht mehr selbst bestimmen, er hat den Forderungen und Anweisungen eines andern bedingungslos zu gehorchen. In solche Abhängigkeit aber sollen sich die Galater nicht mehr hineinzwingen, wörtlich: »nicht mehr festhalten« lassen. Sie sind schon ein Stück weit vom Stand der Freiheit abgewichen, sind im Begriff, sich unter das Joch des Gesetzes zu beugen und in die Sklaverei der Eigengerechtigkeit zu verfallen. Als äußeres Zeichen der Gesetzesfrömmigkeit gilt aber die Beschneidung. Noch ist Warnung und Rückruf möglich; offensichtlich sind die Galater noch nicht endgültig entschieden.

5, 2–3: »Siehe, ich, Paulus, sage euch: Wenn ihr euch beschneiden lasset, so wird euch Christus nichts nützen. Ich bezeuge abermals einem jeden, der sich beschneiden läßt, daß er das ganze Gesetz zu tun schuldig ist.«

Mit seiner ganzen Autorität setzt sich Paulus ein. Seine ganze Person und sein ihm von Christus verliehenes Amt stehen hinter der folgenden Aussage. Er beginnt deshalb diesen Satz, wie eine rechtsgültige Urkunde beginnt, etwa ein kaiserlicher Erlaß. *»Ich, Paulus, sage euch: Wenn ihr euch beschneiden lasset, so wird euch Christus nichts nützen.«* Das ist eine grundsätzliche Feststellung, das Entweder-Oder tritt ganz klar hervor. Die Beschneidung, die Entfernung der Vorhaut des männlichen Gliedes, ist Bundeszeichen für Israel und schon dem Abraham von Gott befohlen (vgl. 1. Mose 17, 9–14). Medizinische oder sanitäre Gedanken mögen geltend gemacht werden, doch sie sind nicht entscheidend. Die Beschneidung kennzeichnet das Volk Israel als Eigentum Gottes. Für sich gesehen hat die Beschneidung also keinen Sinn und gewiß keine Heilsbedeutung, sondern nur, wie das ganze Gesetz, als Kennzeichen der Verbindung mit Gott. Israel hat aber, wie das Gesetz, so auch die Beschneidung abgelöst, ja sogar unter Bruch des Bundes mit Gott, verselbständigt und zur notwendigen Heilsbedingung gemacht. Äußerliche Zeichen und Verhaltensweisen sollen die Sünde verdecken, sollen das übertünchen, daß Israel seinem Gott ungehorsam geworden ist und seinen Bund treulos verlassen hat. So kann die »Beschneidung« geradezu zum negativen Zeichen des Selbstgerechten werden.

Es nützt den Galatern nichts, wenn sie sich beschneiden lassen. Durch äußere Zeichen wird kein Mensch gerecht. Christus nützt ihnen dann sogar nichts. Sie leugnen damit seine Befreiungstat. Diese wird dadurch nicht ungeschehen gemacht, aber sie hat für die Galater dann keinerlei Sinn und Nutzen mehr; das griechische Wort für *»nützen«* kann auch mit »Hilfe bringen« oder »heilsam sein« wiedergegeben werden. Christus kann den Galatern nicht zum Heil helfen, wenn sie sich wieder den anderen Mächten unterjochen und von ihnen Hilfe und Heil erwarten. Er drängt sich niemandem auf; er wartet auf den Ruf des Bedürftigen.

Nicht nur Ablehnung der Hilfe Jesu Christi bedeutet die Beschneidung, sondern eine vollständige Auslieferung des Beschnittenen an die Macht des Gesetzes. Er wird *»schuldig«*, das ganze Gesetz zu tun. Mit der Beschneidung tritt er in den Machtbereich des Gesetzes und untersteht damit vollständig allen Forderungen des Gesetzes. Er kann nicht ein Gebot halten und ein anderes verwerfen; die Gebote gelten in ihrer Gesamtheit, das »bezeugt« ihnen der Apostel mit ganzem Ernst. Wenn die Galater die Beschneidung als heilsnotwendig annehmen, dann betreten sie damit den alten Weg des Gesetzes, auf dem eine Forderung die andere nach sich zieht. Da kann man nicht einfach abbrechen, sondern muß den ganzen Weg zu Ende gehen. Damit ist aber die Freiheit des vertrauenden Glaubens verloren.

5, 4: »Ihr habt Christus verloren, die ihr durch das Gesetz gerecht werden wollt, und seid aus der Gnade gefallen.«

Das ist die erschütternde Konsequenz dieses Weges des Gesetzes, beginnend mit der Beschneidung. *»Christus wird unwirksam gemacht«*, so wörtlich, oder auch *»ihr seid von Christus entfernt worden«*. Das ist die Sogkraft der Gesetzesfrömmigkeit. *»Wer durch das Gesetz gerecht werden will«*, darin sein Heil sucht, der verliert Christus selbst. *»Aus der Gnade fallen sie«* damit; das ist ganz wörtlich zu verstehen. Wer den Weg des Gesetzes betritt, der fällt heraus, der stürzt von seinem festen und sicheren Standort (vgl. Vers 1 »stehet fest«). Die Gnade ist dieser sichere Boden der Heilsgewißheit; wer den Boden verläßt, der stürzt in die Unsicherheit der Forderungen des Gesetzes.

5, 5–6: »Denn wir warten im Geist durch den Glauben auf die Gerechtigkeit, auf die man hoffen muß. Denn in Christus Jesus gilt weder Beschneidung noch Unbeschnittensein etwas, sondern der Glaube, der durch die Liebe tätig ist.«

Das ist der feste Grund, auf dem wir *»standhaft warten«*. Der Geist Gottes gibt dem Jünger Jesu die Kraft und Beständigkeit im Glauben. So geschieht die Rechtfertigung in

Jesus Christus: Sie ist jetzt und hier schon die Wirklichkeit des neuen Lebens im Glauben an Jesus Christus. Aber sie kann auf nichts Eigenes verweisen. Der in Jesus Gerechtfertigte ist schon Kind Gottes, aber er wartet in hoffendem Glauben und Vertrauen, bis das auch im letzten Gericht bestätigt und vollzogen wird (vgl. Phil 3, 12). Paulus betont hier die endgültige Verwirklichung der Gerechtigkeit und stellt sie als ein sehnsüchtig erwartetes Hoffnungsgut heraus. Wie auch das Gesetz auf einen Weg stellt, dessen Ziel die selbst erworbene Gerechtigkeit zu sein vorgibt. Auf dem Weg des Gesetzes wird gemessen: Wie weit bist du? im Rückblick auf die geleisteten Taten. Auf dem Weg des Glaubens wird gehofft im Vorausblick auf die Vollendung, die Gott schenkt.

Wer *»in Jesus Christus«* lebt, sich seinem Machtbereich unterstellt hat, für den gilt keine Leistung mehr, *»weder Beschneidung noch Unbeschnittensein«*. Das hat alles keine Bedeutung mehr für das Heil. Sagen wir es noch einmal ganz deutlich. Ein Jünger Jesu kann sich beschneiden lassen. Es mögen ihn medizinische oder sanitäre Gründe dazu bestimmen. Sogar ein christliches Motiv ist denkbar, wenn er nämlich »den Juden ein Jude werden will, um sie zu gewinnen« (vgl. 1. Kor 9, 20), dann ist das ein missionarisches Motiv. Eines aber ist dem Glaubenden unmöglich. Er kann sich nicht beschneiden lassen, in der Hoffnung dadurch das Heil zu erlangen. Sonst würde er Christus verlieren. Der Jünger Jesu achtet das Gesetz Gottes, es ist ihm wertvolle, helfende Leitlinie im Leben, die ihn vor viel Unglück bewahrt, aber er erwartet sein Heil nicht mehr vom Gesetz. Wir verwerfen als Gemeinde Jesu die Gebote des Gesetzes nicht; wir halten die Gebote im Sinne Jesu. Nur, das Gesetz hat keinerlei Heilsbedeutung. *»In Christus Jesus gilt allein der Glaube.«* Nur er vermag die Gerechtigkeit zu schenken, er hält und führt uns im Heil.

Es ist ein *»Glaube, der durch die Liebe tätig ist«*. Kein fauler, selbstgenügsamer Glaube, sondern ein in Liebe »wirksamer« Glaube, der die »Energien« der Liebe freisetzt. Damit verwirft Paulus hart die Ethik der Gesetzlichkeit. Sie ist eine »um-zu-Ethik«. Sie ist die ständige Bemühung, um etwas zu erlangen, um etwas vorweisen zu können, um auf etwas pochen zu können, um ein Anrecht zu haben – etwa die Beschneidung, um gerecht zu werden. Das alles gilt vor Gott nichts. Die christliche Ethik ist »weil-Ethik«. Wir können in und aus der Liebe handeln, weil wir von Christus geliebt sind, weil Gott uns jede Sorge um unser Heil abgenommen hat. Unser Heil ist fertig, darum können wir Heil wirken. Wir brauchen keine Energie für unsere Verdienste, darum kann sich unsere Energie in der Liebe verwirklichen. Glaube und Liebe kennzeichnen den Christen. Dabei ist der Glaube die Ermöglichung der Liebe. Die Liebe ist die Weise, in der der Glaube wirksam wird.

VORSCHLAG ZUR BIBELARBEIT ÜBER GAL 5, 1–6

1. **Einleitung:**
   a) Wir lesen 1. Mose 17, 9–14. Was bedeutet die Beschneidung für Israel?

   b) Kann ein Christ aus der Gnade fallen?

   c) Gibt es äußere Kennzeichen für den Glauben?

   d) Mögliche Überschrift: »Man kann aus der Gnade fallen«.

2. **Durchführung:**
   Einleitung: Ein Christ ist ein Befreiter. Das hat Gott einen Kampf gekostet. Ein Christ bleibt umkämpft. Der Satan sucht ihn zurückzugewinnen. Die Mahnung ist wichtig.

   a) Stehet fest!
   Dieser Imperativ beruht auf einem Indikativ: Christus hat uns befreit. Er hat uns losgekauft und auf den festen Grund seiner Gnade gestellt. Nun können

wir stehen bleiben. Der Feind sucht uns zu erschüttern, wankend zu machen, uns wieder zu beugen unter sein Joch. Die Erschütterungen heute: Nicht so sehr eine neue Gesetzlichkeit, sondern die völlige Gesetzlosigkeit. Heute sagt er: Christen gilt das Gesetz nicht mehr! Wer diesen Weg betritt, muß ihn zu Ende gehen. Das Ende der Gesetzlosigkeit (Endzeitkennzeichen) ist die Selbstzerstörung. Fest stehen heißt heute, die Geltung der Gebote Gottes festhalten. Allerdings im Wissen, sie können mein Heil nicht schaffen. Grundsatz: Wir leben nach den Geboten, weil unser Herr sie erfüllt hat und uns die Energie der Liebe gegeben hat.

b) Fallt nicht aus der Gnade!
Dieser Imperativ beruht auf einem Indikativ: Christus hat uns in den Stand der Gnade versetzt. Er hat uns vom Zwang des Gesetzes freigemacht und unser Heil gewirkt. Nun gilt es, in der Gnade zu leben. 1. Im »standhaften Warten«. Geduld ist Geschenk der Nachfolge. Noch ist nicht erschienen und offenbar, was wir sein werden. Standhaftes Warten heißt, aus der Vergebung leben. 2. Im Geist. Wir bleiben die Bedürftigen und Abhängigen. Der bleibt in der Gnade, der nicht mehr sich vertraut, sondern der Leitung und Kraft des Geistes sich öffnet. 3. Im Hoffen; die Demut des Paulus von Phil 3, 12 fehlt uns oft. Gnade ist ein Hoffen auf den endgültigen Freispruch im Gericht Gottes.

c) Werdet in Liebe tätig!
Dieser Imperativ beruht auf einem Indikativ: Wir dürfen »in Christus Jesus« leben. Wir sind dem Machtbereich Jesu Christi eingegliedert. Glaube ist nicht faul oder selbstgenügsam. Er verwirklicht sich in der tätigen Liebe. Unser Heil ist geschaffen, nun können wir heilvoll wirken. Wir müssen uns nicht mehr selbst halten, sondern haben die Hände zur Tat der Liebe frei. Glaube ohne Werke der Liebe ist

tot. Hier ist die biblische Begründung der christlichen Ethik. Keine »um-zu-Ethik« eigener Verdienste, sondern eine »weil-Ethik« des Lebens aus dem Geschenk. Glaube und Liebe gehören zusammen. Der Glaube ermöglicht die Liebe, die Liebe verwirklicht den Glauben.

Schluß: Der Christ ist ein Losgekämpfter. Er ruht sich nicht aus. Er tritt ein in den Befreiungskampf, um auch andere zu retten.

7.2. HERAUS AUS DER VERWIRRUNG, 5, 7–12

5, 7–9: »Ihr liefet fein. Wer hat euch aufgehalten, der Wahrheit nicht zu gehorchen? Solch Überreden ist nicht von dem, der euch beruft. Ein wenig Sauerteig durchsäuert den ganzen Teig.«

Wieder bricht der Schmerz des Apostels durch. *»Ihr liefet fein.«* Paulus benützt öfters dieses Bild eines Rennläufers auf der Aschenbahn für die christliche Nachfolge (vgl. 2, 2; Phil 3, 12–14; 1. Kor 9, 24 ff.). Das griechische Wort meint auch »angestrengt laufen«, »rennen«. Christliches Leben ist kein Spaziergang, aber die Galater hatten allen Einsatz gebracht. Was hat sie nur in diesem guten Rennen *»gehemmt und aufgehalten«*? Daß dieser Lauf gestoppt ist, zeigt sich bedrückend daran, daß sie der *»Wahrheit nicht mehr gehorchen«*, daß sie nicht mehr nach der im Evangelium Jesu Christi geoffenbarten Wahrheit streben. Solcher Stillstand ist Ungehorsam gegen den Ruf Gottes. Wer in der Nachfolge sich aufhalten und hindern läßt, der ist ungehorsam, das hat etliche Folgen.

Ohne die Irrlehrer beim Namen zu nennen, spricht Paulus ihnen doch das Urteil. Sie stehen nicht auf der Seite Gottes, vielmehr wider ihn; denn ihr *»Überreden«* ist ja die Ursache für die gestoppte Nachfolge, für den Ungehorsam gegen das Evangelium der Galater. In ihren drängenden und auch drohenden Worten, mit denen sie die Galater abwendig machen, spricht nicht Gott. Sein Ruf klingt anders. Er *»beruft«* die Galater durch die Stimme des Evangeliums, wie sie Paulus gebracht hat. Und dort ist kein gesetzlicher Ton mehr zu hören. Die Christen müssen lernen, die verschiedenen Stimmen zu unterscheiden.

Die Irrlehrer sind mit ihrer Botschaft ein übler Sauerteig in den Gemeinden. Dabei ist dieser Begriff ganz und gar nicht positiv gemeint. Den Sauerteig benötigt die Hausfrau, um gutes Brot zu backen, und Jesus greift das einmal positiv auf und vergleicht sogar den Sauerteig mit dem Himmelreich (vgl. Matth 13, 33), doch warnt auch er vor dem »Sauerteig der Pharisäer und Sadduzäer« (Matth 16, 6). Der Sauerteig *»durchsäuert den ganzen Teig«*, das wissen die Menschen aus dem täglichen Leben. Schon ein wenig davon reicht dazu aus. So ist es auch in den galatischen Gemeinden. Beides ist möglich, daß Paulus sagen will, schon wenige Leute können eine ganze Gemeinde verwirren, oder auch, daß schon kleinste gesetzliche Forderungen das Evangelium versauern, ihm die Freude nehmen und es bitter machen. Wo zunächst »nur« die Beschneidung gefordert wird, da wird doch das ganze Evangelium versäuert.

5, 10: »Ich habe das Vertrauen zu euch in dem Herrn, ihr werdet nicht anders gesinnt sein. Wer euch aber irre macht, der wird sein Urteil tragen müssen, er sei, wer er wolle.«

Doch noch ist es nicht so weit in den galatischen Gemeinden, daß »das Rennen aufgegeben ist«, daß die Galater sich ganz vom Evangelium losgesagt hätten und der Verführung erlägen wären. Wo die Verführer sich schon am Ziel glauben und die Autorität und Botschaft des Apostels fast geschwunden ist, wo der »Zauber« (vgl. 3, 1) die Galater schon umstrickt, da hat Paulus noch den Blick der Hoffnung. Allerdings nicht aus sich heraus. Sein *»Vertrauen«*, daß die Galater *»nicht anders gesinnt sein werden«* als er, gründet sich auch nicht auf seinen Brief. Sein Vertrauen gründet *»im Herrn«*. Jesus Christus selbst erhält und bewahrt seine Gemeinde, das ist sein festes Vertrauen (vgl. Phil 1, 6). Er hat dort durch sein Evangelium gewirkt und verwandelt, der gute Same ist gesät worden und auch aufgegangen. Es ist die vertrauende Gewißheit des Apostels: Er, der Herr selbst, wird Vollendung schaffen.

Legt er deshalb die Hände in den Schoß? Bringt dieses Vertrauen im Herrn und auf den Herrn den Apostel dazu, nichts mehr zu tun? Gewiß nicht! Der ganze Brief an die Galater zeigt ja das Ringen des Paulus. Er spricht und handelt aber in der Demut des Boten: Christus wird die Galater bewahren, eben aber so, daß er seinen Apostel dazu benutzt und befähigt, die irrenden Gemeinden wieder an das Evangelium zu binden. Gegründetes Gottvertrauen macht gerade nicht faul und träge, sondern es befähigt uns zur angestrengten Tat, gerade dort, wo andere aufgeben wollten. Denn unser Herr kann!

Deshalb richtet auch der Apostel selbst nicht endgültig. Wohl sagt er das Gericht an. *»Wer euch aber irre macht«*, wer die Gemeinde Jesu »verwirrt und durcheinander bringt«, der wird *»sein Urteil tragen müssen«*. Gottes Urteilsspruch wird solchen unausweichlich sein, ohne Ansehen der Person, *»er sei, wer er wolle«*. Auch wenn bekannte Männer bei den Irrlehrern sind – wir erfahren nichts Genaueres darüber –, Gott wird sie richten. Das ist christliche Verkündigung des Gerichtes. Ganz sachlich und nüchtern, ohne Wut, Zorn und ausfällige Drohung, aber getragen von der Gewißheit, daß Gott Gericht sprechen wird. Auch wenn Paulus die Irrlehrer verflucht (vgl. 1, 8–9), ist das ja keine Gefühlsaufwallung, sondern die Irrlehrer werden mit dem Bann belegt, aus der Gemeinde ausgeschlossen und dem Gericht Gottes übergeben. Wir sind nicht die Richter, aber wir verkündigen in ganzem Ernst das Gericht Gottes.

5, 11–12: »Ich aber, liebe Brüder, wenn ich die Beschneidung noch predige, warum leide ich denn Verfolgung? So hätte ja das Ärgernis des Kreuzes aufgehört. Sie sollen sich

doch lieber gleich verschneiden lassen, die euch in Unruhe bringen.«

Noch ein Argument, mit dem die Irrlehrer wahrscheinlich gearbeitet haben, greift Paulus abschließend auf. Neben der Bestreitung seiner apostolischen Autorität wurde er offensichtlich auch als Stütze für die falschen Lehrer herangezogen. Sehr betont hält Paulus dagegen: *»Ich«*, also was aber meine Person betrifft, wo ich zitiert werde. *»Wenn ich die Beschneidung noch predige«* – das war wohl die Behauptung: Auch Paulus sei mit der Beschneidung einverstanden, sie gehöre auch zu seinem Evangelium. Vielleicht wissen die Irrlehrer um die Beschneidung des Timotheus (vgl. Apg 16, 3) und stützen dadurch ihre Lehre. Paulus hat damals den Timotheus beschneiden lassen »um der Juden willen«, also aus einem missionarischen Motiv, aber nicht, damit Timotheus dadurch gerettet würde. Es geht nicht um die Beschneidung als solche, so würde der Apostel sagen. Da möge es jeder halten, wie er wolle. Sein Kampf gilt der irrigen Lehre, daß die Beschneidung zum Heil nötig sei. Paulus verkündet gerade die Bedeutungslosigkeit der Beschneidung und zieht sich damit Haß und Verfolgung der Juden zu.

Noch einmal sagt er in aller Grundsätzlichkeit: Wer die Heilsbedeutung des Gesetzes, hier in der Einzelbestimmung *»Beschneidung«* verkörpert, verkündet, der macht, daß *»das Ärgernis des Kreuzes aufhört«*, der zerbricht das Evangelium von seiner Mitte her. Das Kreuz Jesu Christi ist der Ort, an dem sichtbar wird, daß kein Mensch aus eigener Leistung und Anstrengung vor Gott gerecht wird. Am Kreuz Jesu Christi wird Gottes »Nein« zu aller Frömmigkeit und Religion sichtbar. Darum hängt Jesus dort, daß jeder sieht, das ist mein verdienter Lohn. Erst, wer dieses »Nein« gehört hat, der kann dann auch das »Ja« hören: Das Kreuz Jesu Christi stiftet Versöhnung. Wer Gottes Urteil gelten läßt und Jesu Opfer für sich annimmt, der ist gerechtfertigt allein aus Gnade. Am Kreuz Jesu Christi ist das Gesetz als Heilsweg ein für allemal erledigt.

Wer aber auf dem Weg der eigenen verdienstlichen Leistung bleibt, dem ist das Kreuz Jesu Christi Ärgernis, »Skandal« (vgl. 1. Kor 1, 23). Das griechische Wort bezeichnet ursprünglich das Stellholz in einer Falle. Wer das weg tut, für den schnappt die Falle zu und er ist gefangen. *»Das Ärgernis des Kreuzes«* meint also gerade das: Das Ärgernis für den selbstbewußten Menschen, daß ihm so hart gesagt wird: »Deine Leistung zählt nicht und erreicht nichts. Du bist und bleibst gefangen.« Ihm wird das Kreuz zum Anstoß. Anstatt ihn in die Freiheit zu führen, zwingt ihn die Ablehnung nur noch tiefer in die Gefangenschaft.

Mit einem starken Wort schließt Paulus diesen Gedanken. Die *»Unruhestifter«*, die immer noch die Notwendigkeit der Beschneidung zur Rettung predigen, *»sie sollen sich doch lieber gleich verschneiden lassen«*. Sie *»tragen Aufruhr«* in die Gemeinde, sie sind aus der Gemeinde auszuschließen. Das Bild von der »Selbstentmannung« drückt eben dies aus, denn das schließt aus der Gemeinde Gottes aus (vgl. 5. Mose 23, 2). Die den Galatern sicher wohlbekannten Priester des Kybelekultes wurden zum Zeichen ihrer völligen Hingabe an ihren Gott entmannt. In der Verblendung des Götzendienstes schädigen sie sich so selber. Wer die Beschneidung als heilsnotwendig predigt, der verführt zum Götzendienst. So schonungslos kennzeichnet der Apostel die Verführer in Galatien. Noch einmal, ganz drastisch, wird das Entweder-Oder aufgezeigt.

VORSCHLAG ZUR BIBELARBEIT ÜBER GAL 5, 7–12

1. **Einleitung:**
   a) Was ist die Bedeutung der Bilder, die Paulus hier gebraucht?
   Laufen in der Rennbahn – vom Sauerteig. Wir suchen die biblischen Parallelen auf.

   b) Wir klären den Begriff »Ärgernis des Kreuzes«.

c) Was sagt das NT über das »Richten«?

d) Mögliche Überschrift: »Einseitig – nur kein Mittelweg«.

2. Durchführung:

Einleitung: Das ist ja nicht so beliebt, die Einseitigkeit. Der Mittelweg ist viel gefragter. Er bringt auch weiter. Doch nicht auf dem Weg zu Gott. Jesus sagt von zwei Wegen: Der breite und der schmale Weg. Dazwischen gibt es nichts.

a) Einseitigkeit – alle Kraft für den Herrn
Paulus wählt noch einmal (vgl. 2, 2) das Bild vom Rennen, vom Lauf im Stadion. Aller Krafteinsatz für diesen Lauf! Gott hat uns gerufen und berufen, wir dürfen zu ihm laufen. Die Galater lassen sich aufhalten und stoppen. Wo die Wahrheit des Evangeliums angetastet wird, ist Stillstand. Wie oft lassen wir uns doch aufhalten. Gott will uns nicht überreden, er will unser freiwilliges Kommen. Zweites Bild vom Sauerteig: Noch dringlicher, schon eine kleine Menge genügt, um alles zu verbittern. Darum ist Eindeutigkeit nötig. Keine Mischung. Das Evangelium kann nicht mit anderem vermischt werden. Das Gesetz als Heilsweg ist der wegführende Weg. Evangelium der schmale Weg. Alle Kraft – festhalten am Evangelium.

b) Einseitigkeit – alle Anstrengung um den Bruder
Paulus lebt in der Gewißheit: Der Herr selbst wird seine Gemeinde erhalten. Doch verleitet ihn dieses Vertrauen nicht zur Faulheit und Trägheit. Das zeigt eben sein Ringen um die Galater. Jesus Christus hat sie berufen, er wird sie auch durchbringen. Aber eben durch die Anstrengung seiner Boten. Es gibt ein lähmendes Gottvertrauen, das nicht christlich ist. Gottvertrauen ist Handeln im Vertrauen auf Gottes Macht. So sendet Jesus seine Jünger zum Rettungswerk (Matth 28, 16–20): Erst stiftet er Ver-

trauen im »Mir ist gegeben alle Macht...«, und dann »darum gehet hin...«. Paulus gibt nicht auf. Läßt sich auch nicht von Gefühlen leiten. Die Galater bleiben ihm Brüder. Allerdings, – er sagt den Verführern das Gericht an. Er richtet nicht selber, Gott wird das tun. Das ist christliche Rede vom Gericht.

c) Einseitig – alles Vertrauen auf das Kreuz
Beschneidung oder Kreuz Jesu Christi. Hier kann man nur auf eine Seite treten. Die Beschneidung, stellvertretend genannt für den ganzen Weg des Gesetzes, gegen das Heil in Christus gestellt, führt in den Götzendienst. Deshalb das drastische Beispiel der Selbstentmannung der Kybele-Priester. Dann ist das Kreuz Jesu Christi Ärgernis, Anstoß zur Sünde, deshalb Falle, die meine Gefangenschaft befestigt. Das Kreuz Jesu ist »Nein« zu aller Selbstrechtfertigung und »Ja« der geschenkten Gnade. Wir stehen bis heute als Gemeinde Jesu in dieser Entscheidung. Wo wir selber wollen, enden wir im Götzendienst. Wo wir in der Macht unseres Herrn handeln, wird bleibende Frucht gewirkt.

Schluß: Vom Kreuz Jesu Christi her ist das Gesetz als Gefängnis gezeigt und der Weg in die Freiheit angeboten.

D. DER RECHTE UMGANG MIT DER IN CHRISTUS GESCHENKTEN FREIHEIT, 5, 13–6, 10

Alles, was Paulus bisher geschrieben hat, ist keine Theorie. Schon einige Male sind die Konsequenzen deutlich sichtbar geworden. Zwischen Lehre und Leben kann in der Nachfolge Christi nicht getrennt werden. Der Glaube wird in der Liebe wirksam; sonst ist er Scheinglaube. Dogmatik und Ethik können nicht als zwei gesonderte Disziplinen getrennt voneinander behandelt werden. Beides gehört untrennbar zusammen, wenn sie sich auch nur hintereinander sagen lassen. Nur in diesem Sinn des »Hinter-einander-sagens« nennen wir diesen Teil den »ethischen« Teil des Briefes.

1. FREIHEIT BEFÄHIGT ZUM DIENST IN LIEBE, 5, 13–15

5, 13: »Ihr aber, liebe Brüder, seid zur Freiheit berufen. Allein sehet zu, daß ihr durch die Freiheit nicht dem Fleisch Raum gebet, sondern durch die Liebe diene einer dem andern.«

Gegen alle Verführung in eine neue Versklavung unter das Gesetz, wie sie die Irrlehrer letztlich vollziehen wollen, setzt Paulus die christliche Freiheit. Durch das Evangelium sind die Galater »zur Freiheit befreit worden« (5, 1), Jesus Christus selbst hat sie »losgekauft« (4, 5) von aller Gefangenschaft. Das ist ihr neuer Ort als Jünger Jesu: Sie leben in der Freiheit. Die Freiheit ist also Gabe Jesu Christi, dann aber auch Aufgabe für die Nachfolger. *»Zur Freiheit berufen«* sind die Galater; sie sollen nun auch in dieser geschenkten Freiheit leben. Alle Imperative der christlichen Ethik sind im Indikativ der Gabe gegründet. Gott fordert nicht, ohne daß er zuvor schenkt und begabt.

Die Freiheit in der Nachfolge Jesu ist Freiheit von allen Forderungen und Bindungen des Gesetzes und auch von aller Gefangenschaft unter die Mächte und »Elemente dieser Welt« (4, 3.9). Doch ist christliche Freiheit nicht Bindungslosigkeit. Es ist die Gefahr des Befreiten, daß er seine Freiheit mißbraucht. Man kann die Freiheit, die Christus schenkt, zum »Ausgangspunkt«, zur »Operationsbasis« für das *»Fleisch«*, die Triebe, Wünsche und Begierden des natürlichen Menschen machen. *»Raum geben«*, das griechische Wort umreißt einen militärischen Sachverhalt, nämlich eben den Ort, wo sich das Heer zum Angriff und Kampf sammelt, die »Operationsbasis«. Allgemeiner gefaßt bedeutet der Begriff dann aber auch »Gelegenheit«, »Anlaß« oder sogar »Antrieb«, »Anreiz«. Die christliche Freiheit ist *der* Ausgangspunkt, ist *die* Gelegenheit und *der* Anreiz, nur wofür? Es taucht hier die bedrückende Möglichkeit auf, daß die Freiheit mißbraucht werden kann, die Sache Gottes zweckentfremdet, ja sogar gegen den Geber gewendet, eingesetzt werden kann.

Das ist die Gefahr und leider allzuoft die Tatsache heute, eben unter den Frommen, in der Gemeinde Jesu. Nicht mehr so sehr die »galatische« Verwirrung, wo man aus der Freiheit wieder in die versklavende Bindung unter das Gesetz tritt, sondern die völlige Gesetzlosigkeit! Eine Gefahr, die Paulus für den Menschen der »letzten Zeit« feststellt, wenn er ihn als »Mensch der Gesetzlosigkeit« (2. Tim 2, 3) bezeichnet. Damit ist nicht nur der Widerspruch gegen das Gesetz gemeint, sondern die völlige Bindungslosigkeit, der Mensch, der sich selbst Norm und Maßstab ist. Der Mensch also, der nichts für sich anerkennt, als sich selbst, »der fleischliche« Mensch in seiner vermeintlichen Selbstverwirklichung.

»Zur Freiheit seid ihr zusammen gerufen«, so kann auch übersetzt werden. Und damit ist der zweite Satz vorgezeichnet: *»Durch die Liebe diene einer dem andern.«* So verwirklicht sich christliche Freiheit, daß einer dem andern »Sklave« ist. Sowohl das Gesetz, als auch die Gesetzlosigkeit halten den Menschen in einer tödlichen Einsamkeit fest: Das Gesetz zwingt ihn zu ständiger Selbstbeobach-

tung nach dem Maß der Erfüllung der Einzelgebote und dem Stand der Verdienste. Da wird der andere unwichtig, sogar zum Konkurrenten. Die Gesetzlosigkeit, die nur sich selbst zum Maß nimmt, führt in die Arroganz der Selbstverwirklichung, die den andern entweder als Mittel zum Zweck oder als lästiges Hindernis sieht. Allein die Freiheit in der Nachfolge Jesu Christi bindet hinein in die Gemeinschaft brüderlicher Liebe. Denn die ist gemeint, nicht ein allgemeiner Grundsatz von Liebe. Es ist die Liebe, die den Bruder als Miterlösten, als Gabe Gottes und als Geliebten Gottes erkennt und annimmt.

Christliche Freiheit ist nie Bindungslosigkeit, sondern liebende, dienende Bindung aneinander und miteinander an den Herrn (vgl. Matth 20, 25 ff.). »Dienet einander«, das ist die Grundbewegung der Befreiten. Darin wird die christliche Freiheit gelebt und verwirklicht, daß einer dem andern dient in Liebe, wo er ihm zur Verfügung steht. Auch unser deutsches Wort Freiheit kommt von einer Wurzel, die solche Bindung sieht. Das alte Wort »freien« meint ja gerade, sich an einen anderen Menschen binden zu wollen.

5, 14: »Denn das ganze Gesetz ist in einem Wort erfüllt, in dem: ›Liebe deinen Nächsten wie dich selbst‹.«

Solche Liebe, die in der geschenkten Freiheit ermöglicht wird, ist schon im AT gezeigt. *»Das ganze Gesetz«*, damit ist nicht nur die vollständige Reihe aller Gebote gemeint, sondern das Gesetz in seiner Tiefe und Abzweckung. Darauf deutet auch das Wort *»erfüllen«*, das nicht zusammenfassen meint, sondern *»erfüllen«* im Sinn von »tun«. Das Gesetz ist »ausgefüllt« und das heißt in seinem tiefsten Sinn erfaßt, wo es die Liebe zum *»Nächsten«* bewirken kann (vgl. Matth 22, 39).

Die Freiheit, zu der uns Christus befreit hat und zu der wir berufen sind, ist die Freiheit vom knechtischen Gehorsam unter die Forderungen des Gesetzes und ist deshalb Befreiung für die Tiefe des im Gesetz geoffenbarten Liebeswillen Gottes. Durch die »Erfüllung« der in Jesus gewirkten Liebe stehen wir nicht mehr unter dem Gesetz, sondern wir leben »im« Gesetz und das heißt in seiner Anleitung zur Liebe. Das Gesetz tritt dem natürlichen Menschen als Zaum entgegen und damit als drohende Macht. Das Böse, das in dem natürlichen Menschen ist, wird dadurch bedroht und im Zaum gehalten. So aber macht das Gesetz eben dieses Böse offenbar und bringt es zur Auswirkung. Doch ist das nicht der tiefste Sinn des Gesetzes als Willenskundgabe Gottes. Es will auch positiv Anleitung zum Miteinander der Menschen geben. Die Erklärungen Luthers machen das deutlich, wenn er immer auch diese positive Verwirklichung ausdrücklich nennt. »Du sollst nicht töten«, das heißt nicht nur, »daß wir unserem Nächsten an seinem Leib keinen Schaden noch Leid tun«, sondern auch positiv anleitend: »ihm helfen und ihn fördern in allen Leibesnöten«.

Für den Jünger Jesu ist diese Anleitung des Gesetzes zur Liebe Hilfe und Richtlinie. Das ist nichts anderes als die Verwirklichung des ersten Gebotes, das ja der Vorspruch aller übrigen Gebote ist: *»Ich bin der Herr, dein Gott.«* Dies ist die in Jesus Christus Wirklichkeit gewordene Zusage und Verheißung. Ohne das Leben in der Wirklichkeit der Gemeinschaft mit Gott tötet und versklavt das Gesetz. Es ist bezeichnend, daß im Judentum diese Summe des Gesetzes, *»Liebe deinen Nächsten, wie dich selbst«* (3. Mose 19, 18), ein Gebot unter vielen war. Ja, »der Nächste« war sogar einschränkend als »Volksgenosse« festgelegt. Erst Jesus weitet diesen Begriff aus, wie ihn auch Paulus hier gebraucht, auf den, der mir jeweils begegnet. In dem *»wie dich selbst«* wird ein Maßstab für die Liebe genannt, gleichzeitig aber auch die Befreiung vom eigenen Ich gesetzt. Die Selbstliebe ist Kennzeichen des Dienstes unter dem Gesetz, die befreite Nächstenliebe ist dem ermöglicht, der von sich selbst los ist, indem er sich von Gott geliebt weiß.

5, 15: »Wenn ihr euch aber untereinander beißt und fresset, so sehet zu, daß ihr nicht voneinander verzehrt werdet.«

Die Wirklichkeit menschlichen Lebens sieht ganz anders aus. Es ist ein erbarmungsloser Kampf aller gegen alle. *»Der Mensch ist dem Menschen ein Wolf.«* Wie Raubtiere *»beißen«* sie einander und *»verschlingen«* sich sogar. Die Urgewalt des Bösen, die den anderen als Feind und Gegner sieht, auch unter dem Deckmantel einer korrekten Frömmigkeit, führt – und das gilt es klar zu sehen – zum gegenseitigen Vertilgen. Mit diesem bitter spottenden Bild ist der Raum des Zusammenlebens umschrieben, in dem die Liebe fehlt.

Noch ist es bei den galatischen Gemeinden nicht so weit. Aber sie sind im Begriff, die Freiheit im Evangelium aufzugeben und damit auch die Ermöglichung des gegenseitigen Dienstes der Liebe. Dann entbrennt der gegenseitige Kampf, der schließlich zum Vernichten führt. Christliche Ethik aber ist Ethik der Liebe, verwirklicht als Dienst und ermöglicht durch die Freiheit.

VORSCHLAG ZUR BIBELARBEIT ÜBER GAL 5, 13–15

1. **Einleitung:**
   a) Welchen Wert hat in der Nachfolge der »Dienst«? Wir sammeln die Aussagen Jesu dazu.

   b) Wo stehen wir in der Gefahr und Versuchung in der Gemeinde Jesu zu herrschen, anstatt zu dienen? Wir prüfen uns selber.

   c) Die »mißbrauchte Freiheit«. Was meint Paulus mit diesem Tatbestand in Vers 13?

   d) Mögliche Überschrift: »Christliche Freiheit ist dienende Bindung«.

2. Durchführung:

Einleitung: Jeder redet heute von »Dienst«, bis hinauf zum Minister, meint aber doch Macht und Herrschaft über andere. »Dienst« ist nur echt, wenn er in Selbstaufgabe geschieht, das heißt aber in Liebe. So wie es uns Jesus vorgelebt, vorgedient, vorgeliebt hat.

a) Christliche Freiheit befreit zur Liebe
Freiheit ist Geschenk Jesu Christi, nämlich Befreiung von allen Mächten und Elementen, auch vom Gesetz. Er hat uns losgekauft. Freiheit ist uns deshalb als Aufgabe der Nachfolge mitgegeben. Christliche Freiheit ist nicht Bindungslosigkeit, sondern Bindung an den Herrn und mit ihm an den Nächsten. Freiheit wird unter dem Gesetz verspielt, aber auch in der Selbstgefangenschaft der modernen Gesetzlosigkeit, wo der Mensch sich selbst das Maß ist. Christliche Freiheit ist Freiheit von der Sünde, vom alten Ich, nicht zur Sünde. Warnung vor Mißbrauch der Freiheit. Heute für junge Christen auf dem Gebiet vorehelicher Beziehungen. Wie viel wird hier im Namen der Freiheit und der Liebe gesündigt. Die Liebe, die Erfüllung des Gesetzes ist, ist selbstlose Liebe, die dem anderen ohne Bedingung und Einschränkung dient.

b) Die Liebe dient dem Nächsten
Von mir selbst befreit und damit zum Nächsten gewendet. Im AT sind nationale Einschränkungen gemacht. Doch Jesus sagt: Nächster ist der, der dir jeweils begegnet. Die Liebe ist Erfüllung des Gesetzes, nicht nur die Summe, sondern die Tiefe. Das Gesetz in seiner positiven Dimension: Anleitung zur Liebe. So wie Luther diese positive Anleitung in allen Erklärungen zu den Geboten hervorhebt. Das ist das Gesetz, von Christus her gesehen. Also nicht ungültig oder abgeschafft, sondern erfüllt und Anleitung zum Dienst. Das kann das Gesetz aber erst *nach* Christus leisten, *nach* dem Geschenk der Freiheit.
Wie geschieht solcher Dienst? Vier Kennzeichen:

a) in Liebe, wie Paulus das in 1. Kor 13 zusammenfaßt; b) ohne Selbstzweck, sondern *für* den anderen; c) in der jeweiligen Situation (Nächster) spontan; d) für den Herrn, weil wir von ihm angeleitet und befreit sind.

c) Ohne Freiheit und Liebe herrscht der Kampf
»Der Mensch ist dem Menschen ein Wolf«, ohne die Freiheit und Liebe aus dem Evangelium. Es gibt viele verborgene, verfeinerte Formen dieses Beißens und Fressens. Angefangen vom Konkurrenzdenken über Formen der üblen Nachrede, bis hin zur Gewalt und zum Krieg. Noch einmal Bild für die Funktion des Gesetzes ohne Christus: Es ist – wie im Zoo – das Gitter zwischen den, die Zähne fletschenden, sich gegenseitig belauernden Raubtieren im Raubtierhaus. Zieh' die Gitter hoch und sie zerfleischen sich. Der Stärkere bleibt übrig. Das geschieht heute, wo die Gitter der Gebote weggetan werden. Heraus aus dem Raubtierhaus! Hinein in die Geborgenheit bei Jesus.

Schluß: Freiheit kommt von »freien«. Ich bin bereit, mich ganz an dich zu binden.

2. DAS LEBEN IM GEIST, 5, 16–25

5, 16–18: »Ich sage aber: Wandelt im Geist, so werdet ihr die Lüste des Fleisches nicht vollbringen. Denn das Fleisch streitet wider den Geist und der Geist wider das Fleisch; dieselben sind widereinander, daß ihr nicht tut, was ihr wollt. Regiert euch aber der Geist, so seid ihr nicht unter dem Gesetz.«

»Ihr seid zur Freiheit berufen«, sagt Paulus in Vers 13. Dem entspricht die erneute Mahnung *»wandelt im Geist«.* Dabei führt er den Begriff der Freiheit weiter. Sie ist Leben im

Geist. Der von Gott gegebene Geist ist der Grund und die Art des neuen Lebens. Der Geist Gottes ist die Antriebskraft der neuen Existenz. Wer sich seiner Leitung unterstellt, der verläßt die Linie des alten Lebens, die dadurch gekennzeichnet ist, daß »die Begierden des Fleisches befriedigt« werden. Solches Leben ist nur auf die Eigenbefriedigung aus. Die eigenen Wünsche und Sehnsüchte, die eigenen Triebe und Antriebe werden dabei ausgelebt. Erst wenn der Geist Gottes einen Menschen verwandelt und leitet, ihn aus seiner Eigensucht herausführt, dann lebt er in der Freiheit (vgl. 2. Kor 3, 17). Der geistgeleitete Jünger wird »nimmermehr« nach Eigenbefriedigung streben; er wird im Gehorsam die Schritte der Liebe tun.

Allerdings bleibt der Jünger in der Auseinandersetzung, ja im Kampf. Die Frontlinie zwischen Geist und Fleisch verläuft in unserem eigenen Leben. Wer das nicht sieht, erliegt der Schwärmerei. *»Der Geist streitet wider das Fleisch«* und der natürliche Mensch, *»das Fleisch«*, gegen den Geist. Wörtlich sagt Paulus so: *»Das Fleisch begehrt gegen den Geist und der Geist ist dem Fleisch entgegengesetzt, bekriegt es sogar.«* Damit ist die Frontlinie beschrieben: Es ist der »natürliche Mensch«, unsere in unserer leibhaften, personhaften Art gegebene Wirklichkeit. Sie hat ihr Begehren, ihre Triebe und Willensrichtung gegen die Führungsmacht des Heiligen Geistes. Wir wollen nicht von Natur aus, was Gott will. Der Geist Gottes ringt gegen diese unsere »natürliche, fleischliche« Art. Beide sind einander entgegengesetzt, da kann es keinen Ausgleich geben. Das Entweder-Oder besteht in uns selber (vgl. Röm 7). Oft ist die Folge dieses »siegenden« Fleisches, *»daß wir nicht tun, was wir wollen«*. Unser Begehren verhindert unser Tun und Wollen. Obwohl wir das Gute wollen, können wir es nicht tun (vgl. Röm 7, 18 b). Unsere natürliche Art verhindert geistgewirktes Wollen.

Deshalb noch einmal die Aufforderung von Vers 16, jetzt als Zusage und Möglichkeit: *»Wenn euch aber der Geist führt, wenn ihr von ihm getrieben seid, dann seid ihr wahr-*

haft frei, dann seid ihr nicht mehr unter dem Gesetz.« Wenn Luther aktivisch übersetzt: *»Regiert euch aber der Geist«*, dann heißt es doch im Urtext genauer: *»Wenn ihr euch vom Geist führen lasset . . .«*. Damit ist bekräftigt, daß der Mensch nicht aus eigener Anstrengung »im Geist wandeln« kann, sondern er wird so aus der Gefangenschaft des Gesetzes befreit, und so wird der »Streit« zwischen Fleisch und Geist entschieden, indem er sich der Führung des Geistes Gottes überläßt.

5, 19–21: »Offenbar sind aber die Werke des Fleisches, als da sind: Unzucht, Unreinigkeit, Ausschweifung, Götzendienst, Zauberei, Feindschaft, Hader, Eifersucht, Zorn, Zank, Zwietracht, Spaltungen, Neid, Saufen, Fressen und dergleichen, von welchen ich euch vorausgesagt habe und sage noch einmal voraus, daß, die solches tun, werden das Reich Gottes nicht erben.«

»An ihren Früchten sollt ihr sie erkennen« (Matth 7, 16); dieses Wort Jesu gilt eben auch für die faulen und schlechten Früchte. Paulus nennt sie hier *»Werke des Fleisches«* und meint damit alles das, was der Mensch in seiner natürlichen Art bewirkt und hervorbringt. Das wird »sichtbar« und kann auf die Dauer nicht verborgen bleiben. Und nun zählt der Apostel diese verderblichen Werke des Menschen ohne Gott auf. Gewiß ist keine Vollständigkeit solcher Früchte hier erstrebt, aber doch ist eine Gliederung erkenntlich. *»Unzucht, Unreinigkeit und Ausschweifung«*, das sind die Sünden im Umfeld des 6. Gebotes. *»Unzucht«* meint zunächst den Ehebruch, dann aber auch jede Form der geschlechtlichen Betätigung vor und außerhalb der von Gott gesetzten Ordnung Ehe. *»Unreinigkeit«* ist dazu der umfassendere Begriff. Nicht nur die konkrete geschlechtliche Handlung wird so gekennzeichnet, sondern auch die unsauberen Gedanken, die dem Tun vorausgehen (vgl. Matth 15, 19). *»Ausschweifung«* benennt die Art und Weise der Unzucht, ihre Zügellosigkeit, die Hemmungen und Scham beiseite wirft.

Mit dem 6. Gebot steht das 1. Gebot auf dem Spiel. Beide Gebote hängen aufs engste zusammen. Wer Gott nicht Herr sein läßt, verfällt sich selbst und seinen Begierden (vgl. Röm 1, 23 ff.). *»Götzendienst«* ist darum die Grundsünde des Menschen, ja die Aufgipfelung seiner Torheit, denn er verehrt Figuren und Bilder als Götter, die er doch selbst gemacht hat. An die Stelle Gottes wird hierbei Stoffliches gesetzt. *»Zauberei«*, das griechische »pharmakeia«, ist zunächst ein neutraler Begriff und meint den Umgang und Gebrauch von Drogen und Heilmitteln. Doch hier ist die dunkle, dämonisch besetzte Magie gemeint, wo der Mensch sich mit Kräften einläßt, die ihn verderben und beherrschen. Der ganze Bereich des Okkulten ist darin angesprochen, der auch in unserer so »aufgeklärten« Gesellschaft unglaublich verderblichen Einfluß hat.

Wo der Mensch, dargestellt an den Sünden gegen das 6. Gebot, sich selbst verfallen ist, weil er das 1. Gebot verlassen hat und in die Gefangenschaft der Götzen und des Okkulten geraten ist, da ist die Gemeinschaft zwischen Mensch und Mensch gebrochen. Diese Auswirkungen hat Paulus nun im Blick. *»Feindschaft«* ist das Gegenteil der christlichen Nächstenliebe und beschreibt die Haltung, daß der Mensch dem anderen ganz grundsätzlich feindlich gesinnt ist und ihn als Gegner sieht. *»Hader«* meint solche Feindschaft in konkreter Zuspitzung. Der andere ist mir nur Konkurrent, mit dem ich »um die Beute kämpfe«, so die eigentliche Wortbedeutung, gegen den ich meine Ansprüche und mein Glück angreifend behaupte. *»Eifersucht«* bezeichnet ursprünglich durchaus das positive Streben nach dem Edlen, steht aber hier im Sinn von gierigem Verlangen nach etwas, was uns nicht zukommt. *»Zorn«*, das meint jähzornige, unberechenbare Zornesausbrüche. *»Zank«*, dieser im Urtext schwierige Begriff kann wohl am besten mit »gewinnsüchtiger, eigensüchtiger Gesinnung« wiedergegeben werden. *»Zwietracht«* bedeutet wohl dann das Ergebnis solcher Verhaltensweisen, nämlich das »Auseinandertreten«, konkret sichtbar in *»Spaltungen«* und Parteiungen. Mit dem *»Neid«* (das Wort steht in der Mehrzahl) sind verschiedene Fälle und Auswirkungen dieser gemeinen Gesinnung gemeint, die nicht nur will, was der andere hat, sondern ihm seinen Besitz auch noch mißgönnt. *»Saufen«*, das sind Fälle von Trunkenheit, die den Menschen zum Tier macht, und das *»Fressen«* deutet auf ausufernde, zügellose Gelage wie sie in den heidnischen Götzenkulten an der Tagesordnung waren. Die Liste ist nicht vollständig *»und dergleichen«* setzt Paulus deshalb hinzu. Alle diese Werke schließen von Gottes Reich aus. Das hat Paulus schon bei seiner ersten Verkündigung gesagt und wiederholt es jetzt noch einmal bekräftigend. Keiner kann sagen oder ihm vorwerfen, er hätte nicht deutlich gesprochen und nicht eindeutig gewarnt.

5, 22–23: »Die Frucht aber des Geistes ist Liebe, Freude, Friede, Geduld, Freundlichkeit, Gütigkeit, Glaube, Sanftmut, Keuschheit. Wider solche ist das Gesetz nicht.«

Neben die »Werke des Fleisches« stellt Paulus die *»Frucht des Geistes«*. Es sind keine »Werke« in dem Sinn, daß sie aus menschlichem Willen, Gestalten und Zustandebringen hervorgehen. *»Frucht«*, das meint, es geht der Same auf, den Gott im Evangelium in uns gelegt hat und bringt Frucht. Der Heilige Geist entfaltet sich im Leben des Jüngers. Es ist ausdrücklich von der Einzahl die Rede, die *»Frucht«*. Es sind keine verschiedenen, unverbundenen Wirkungen, die das neue Leben anzeigen, sondern der eine Geist, der zur Auswirkung kommt.

Die *»Liebe«* wird als erste Frucht genannt. Die Liebe ist ein zentraler Begriff, der den gesamten Inhalt des Glaubens enthält und entfaltet (vgl. 1. Kor 13, besonders V. 13). Die Liebe Gottes, die in Jesus Christus Wirklichkeit geworden ist, ermöglicht die Bruder- und dann auch die Nächstenliebe (vgl. Matth 5, 43 ff.). Sie ist die Grundgabe, die Gottes Geist uns schenkt. Wir können das griechische »agape« etwa mit »umfassende Güte«, »unbesiegbares Wohlwollen« wiedergeben, um die im Wort enthaltene christliche Grundgesinnung wiederzugeben. Die Liebe ist kein einzelnes Werk, das etwa befohlen oder gefordert werden könnte. Hier zeigt sich die neue Existenz der vom Gesetz Befreiten am deutlichsten. Der Jünger lebt von der Gabe, ohne Forderung, vielmehr in der geschenkten Ermöglichung. Aus der Liebe erwächst *»Freude«*. Es ist die Freude, die im Herrn gegründet ist, die dankbare Freude, die die empfangene Gnade lobt und freudig weitersagt. Der *»Friede«* ist mehr als ein Zufriedensein. Er ist die heitere Gelassenheit des Erretteten, das Wissen um die Geborgenheit in Gottes Leitung, der auch alles gibt, was wir brauchen. So verbreitet sich solcher *»Friede«* und wird zum Kennzeichen des Verhältnisses zum Nächsten. *»Geduld«*, das griechische »makrothymia«, heißt eigentlich »großen Mut« haben, nicht aufhörenden Mut, gemeint ist damit etwa gütige Nachsicht, nachgebende Geduld, verzeihende Großmut. Damit zusammen hängen die *»Gütigkeit und Freundlichkeit«*. Es sind beides Haltungen der Geduld gegen den Mitmenschen, konkrete Ausformungen der Liebe. Dabei ist die *»Gütigkeit«* die Milde, die mit ernsten Worten sparsam ist, während die *»Freundlichkeit«* durchaus auch in ernster Zucht sich ausweist.

Der *»Glaube«* als Frucht der Liebe ist am ehesten als gegründetes, erprobtes Vertrauen zu fassen, und die *»Sanftmut«* ist die vertrauende Ergebung in den Willen Gottes. Schließlich wird mit *»Keuschheit«* diese Ergebung verdeutlicht, die auf die eigenen Begierden verzichten kann und in der Selbstbeherrschung lebt. Wer aus dieser Entfaltung des Heiligen Geistes lebt, wo solche Frucht der Liebe gewirkt werden kann, da hat das Gesetz keinerlei Anspruch mehr, denn es ist erfüllt. Das Gesetz braucht und kann dann nichts mehr fordern und vorschreiben, denn »die Liebe Christi dringet uns also« (2. Kor 5, 14).

5, 24–25: »Welche aber Christus Jesus angehören, die haben ihr Fleisch gekreuzigt samt den Lüsten und Begierden. Wenn wir im Geist leben, so lasset uns auch im Geist wandeln.«

Menschen, in denen Gottes Geist so wirken kann, die sind Jünger Jesu Christi, sie gehören zu ihm, sie sind die Seinen. Solche Jesusleute haben *»ihr Fleisch gekreuzigt samt den Lüsten und Begierden«*. Es ist ein Vorgang, der am Anfang der Nachfolge steht. Darauf deutet die Zeitform hin, die im Griechischen für einen abgeschlossenen Vorgang verwendet wird. *»Sie haben gekreuzigt«*, Paulus denkt hier wohl an den einmaligen öffentlichen Akt der Taufe. Bei der Taufe ist ja auch eine entschiedene Absage an alles »teuflische Werk und Wesen« ausgesprochen. Der Jünger sagt »nein« zu sich selber, zu seinem alten Menschen mit seinen *»Lüsten«*, mit seiner Neigung zum Sich-ausleben und zu seinen *»Begierden«*, diesen einzelnen triebhaften Handlungen, in denen sich die »Lüste« entfalten.

Das alte Leben wird entschlossen aufgegeben und das neue Leben im Geist ergriffen. *»Wenn wir dann so im Geiste leben«*, sagt Paulus, *»so lasset uns auch im Geiste wandeln.«* Diese Absage an das Fleisch ist wohl ein einmaliger, entschiedener Vorgang, und doch bleibt es dem Jünger als Aufgabe immer wieder aufgegeben. Paulus redet vom »Sterben« des alten Menschen (vgl. Röm 6, 1–11) gerade im Zusammenhang mit der Taufe und hat dabei sicher die Missionstaufe an Erwachsenen vor Augen. Bei unserer heutigen Übung der Kindertaufe ist der Begriff der »Bekehrung« in seiner ganzen Entschiedenheit hier einzusetzen.

VORSCHLAG ZUR BIBELARBEIT ÜBER GAL 5, 16–25

1. Einleitung:

a) Wir bestimmen mit Hilfe der Konkordanz den Begriff »Fleisch« bei Paulus.

b) Was heißt: »Das Fleisch kreuzigen«? Wir lesen dazu Röm 6, 1–11.

c) Wir prüfen uns ganz persönlich in der Stille: Wo zeigen sich bei uns »Werke des Fleisches« und wo »Frucht des Geistes«?

d) Mögliche Überschrift: »Geist oder Fleisch«?

2. Durchführung:

Eingangsbeispiel: Feuer und Wasser sind unvereinbare Elemente. Wo sie zusammengebracht werden, wird eines siegen. So auch ist das Verhältnis von Fleisch und Geist. Eines kann nur den Menschen prägen. Entweder bleibt ein Mensch in sich gefangen oder er wird vom Geist Gottes geöffnet.

a) Gefangen in sich selbst
»Werke des Fleisches« sind das, was der Mensch will und tut. Drei Arten von Werken, die miteinander zusammenhängen. 1. Der harte Egoismus im Umkreis des 6. Gebotes. Das ist der Widersinn: Andere Menschen sind beteiligt bei Unzucht und Ausschweifung und doch bleibt der Mensch einsam in seinen eigenen Befriedigungen. Was zur Gemeinschaft gegeben war, wird im Egoismus verkehrt. Sünden gegen das 6. Gebot sind Verneinung des Miteinander. 2. Ein Ahnen um Gott wird in Götzendienst und Zauberei verwirklicht. Doch auch hier gemeinschaftslos. Götzen sind nur selbstgemachte Gegenüber. 3. Darum sind alle Außenbeziehungen des natürlichen Menschen von der Grundhaltung der »Feindschaft« bestimmt. Der fleischliche Mensch ist der isolierte Mensch. Christliche Freiheit ist deshalb Befreiung zur Gemeinschaft. Es geht um einen Streit, Fleisch gegen Geist. »Ich« gegen Gottes Einfluß. Laß dich führen. Sonst bist du unfähig zur Gemeinschaft des Reiches Gottes.

b) Geöffnet zum Nächsten
Unter der Führung des Geistes werden wir aus der Isolation herausgeholt. Der Geist entfaltet sich in uns. Er schenkt uns Offenheit, Bereitschaft zur Gemeinschaft. Seine Grundhaltung ist somit Liebe. Das

ist Frucht. Nicht unsere natürliche Anlage, sondern Gewirktes und Geschenktes. Christliche Liebe ist ermöglicht durch die Liebe Gottes in Jesus Christus. Nicht mehr die Forderung des Gesetzes leitet mich an, sondern die Mitbewegung des Geistes. So wird Verbindung geschaffen. Dann kommt es zu den Auswirkungen der Liebe. Die dankbare Freude, die sich am andern freuen kann, Friede verströmen, Tragkraft füreinander, Milde und Ernst und Vergebung. Das Mißtrauen kann dann nicht mehr gedeihen. In Vertrauen, Sanftmut und Selbstbeherrschung werden wir eingegründet in die Gottesgemeinschaft und Nächstenliebe.

c) Gekreuzigt aber befähigt
Das bedarf einer ausdrücklichen Absage. Das Fleisch wurde gekreuzigt. Das Todesurteil wird über den alten Menschen gesprochen. Das Kreuz Jesu Christi ist das vollzogene Todesurteil an den fleischlichen Menschen. Haben wir solch eine klare Absage an uns selbst vollzogen? Paulus denkt an das Bekenntnis bei der Taufe. Das können aber nur Erwachsene tun. Die Kindertaufe ist nicht mehr der geeignete Ort; sie wird aber verwirklicht in der Bekehrung. Luther: »Buße tun heißt ... die Sünde hassen und lassen.« Im Geist leben = Nein zu sich sagen und Ja zu Gottes Gabe. Im Geist wandeln = diesen einmaligen Anfangsakt auch täglich vollziehen. Luther redet von der »täglichen Buße«.

Schluß: Das ist Gottes Angebot: Laß dich führen und du wirst nicht mehr einsam bleiben, sondern Gemeinschaft finden.

3. DIE GEMEINSCHAFT UNTEREINANDER, 5, 26–6, 5

Der »Wandel im Geist«, die in der Liebe geschenkte Gemeinschaft, bedarf gerade auch in der Gemeinde Jesu

Christi der ständigen Schritte. Das führt der Apostel den Galatern jetzt im einzelnen vor Augen. Auch die christliche Gemeinde im Stande des »im Geist-lebens« ist gefährdet. Die einzelnen Mahnungen des Paulus haben wohl solche Gefährdungen der galatischen Gemeinden im Blick.

5, 26: »Lasset uns nicht eitler Ehre geizig sein, einander nicht reizen, einander nicht neiden.«

Das ist die Haltung unter dem Gesetz, *»voll eitler Ehre zu sein«*. Wo nach Leistung gemessen wird, da will der eine den andern übertreffen und seine Ehre herausstellen. Auch für den Menschen »im Geist Gottes« bleibt diese Versuchung. Der »natürliche Mensch« wehrt sich mit allen Mitteln der Selbstbehauptung gegen das Gekreuzigtwerden und Sterben, auch mit dem Mittel, seine Leistung und Ehre zu betonen. Wo ein Mensch aber in den Entfaltungen des Geistes Gottes lebt, da bedarf es dessen nicht mehr, da wird die Leere und Nutzlosigkeit des Selbstruhms deutlich. *»Wer sich rühmen will, der rühme sich des Herrn«* (1. Kor 1, 31). Wenn solcher Selbstruhm und Geltungsdrang in die Gemeinde eindringt, dann ist die ganze Gemeinde gefährdet. Es kommt zum *»einander reizen«* und zum *»einander neiden«*. Der Ruhmsüchtige »fordert den andern heraus«. Der wird dadurch verführt, seine eigenen Verdienste und Leistungen herauszukehren, und wenn er solche nicht aufzuweisen hat, entsteht der Neid. Dann aber lebt eine Gemeinde in demütiger Eintracht, wenn sie begreift, daß sie alle vom Ansehen Gottes leben und deshalb kein eigenes Ansehen brauchen, wenn alle um ihre Bedürftigkeit wissen.

6, 1: »Liebe Brüder, wenn ein Mensch etwa von einem Fehl übereilt würde, so helfet ihm wieder zurecht mit sanftmütigem Geist, ihr, die ihr geistlich seid; und siehe auf dich selbst, daß du nicht auch versucht werdest.«

Die Bedürftigkeit, in der alle Glieder der Gemeinde Jesu Christi gleich sind, in wirklicher Solidarität stehen, ist ihre Bedürftigkeit als Sünder, die Vergebung brauchen. Beim

»Wandel im Geist« hat sich schon etwas geändert. Die Sünde ist nicht mehr die alles beherrschende Macht, der unentrinnbare Zwang im Leben des Jüngers. Paulus macht das deutlich, indem er *»Fehl«* sagt. Das griechische Wort meint »Fehltritt«, also nicht die absichtliche Sünde, sondern ein Verfehlen, das einen »übereilt«, deutlicher übersetzt: von dem man »überrascht wird«, das ohne Vorbereitung »über uns kommt«. Wie hart und lieblos wird gerade von geistlichen Menschen dann oft übereinander gerichtet. Gerade hier entsteht oft der zerstörende Selbstruhm im Gewand selbstbewußter Selbstgerechtigkeit. Doch das ist nicht die Art des Jüngers. *»Die Frucht des Geistes ist Liebe«*, gelebt in diesem Fall als »Sanftmut« (5, 22). *»Mit sanftmütigem Geist«* helfen geistliche Menschen einander wieder zurecht. Die »Sanftmut« ist in Einklang mit dem Willen Gottes, und eben Gott vernichtet den Sünder nicht, sondern er sucht ihn. So bezeichnet Sanftmut hier die suchende, zurechthelfende geistliche Gesinnung. Darin bewähren sich »geistliche Menschen«, daß sie einander nicht loslassen, sondern einer dem andern »zurechthilft«. Das griechische Wort kommt aus dem medizinischen Bereich und meint die helfende Tätigkeit eines Chirurgen. Aller Nachdruck liegt nämlich dabei auf dem Heilen und nicht auf dem Strafen.

Solche heilende Seelsorge kann in der nötigen Zurückhaltung und Demut nur dann geschehen, wenn ich um meine eigene Versuchlichkeit weiß. *»Achte auf dich selbst, daß du nicht auch versucht werdest«*, mahnt Paulus deshalb, um jedes vorschnelle, lieblose und selbstgerechte Urteilen abzuwehren. Sicher hat er dabei konkrete Vorgänge in den galatischen Gemeinden vor Augen. Vielleicht gab es gerade dort eine Gruppe, die sich von den Irrlehrern nicht verführen ließ und doch mit ihrem selbstgerechten Urteilen die anderen nur noch tiefer in diesen Irrweg hineintrieb, anstatt ihnen herauszuhelfen.

6, 2: »Einer trage des andern Last, so werdet ihr das Gesetz Christi erfüllen.«

Es gibt ein *»Gesetz Christi«* in seiner Gemeinde, doch jetzt nicht mehr als ein »Sollen«, eine Forderung, unter die sich der Jünger zu beugen hat. Das *»Gesetz Christi«* ist sein »Joch, das sanft und leicht ist« (vgl. Matth 11, 30). Das Gesetz Christi tritt nicht von außen an mich heran, sondern es entfaltet sich aus dem mir geschenkten Geist heraus. Es ist »das Gesetz des Geistes, der da lebendig macht in Jesus Christus« (Röm 8, 2). Das Gesetz des AT ist *»erfüllt«* in Jesus Christus. Er hat die Tiefe des Willens Gottes verwirklicht, nämlich seine helfende, heilende Liebe, und die Liebe gibt er seinem Nachfolger durch seinen Geist ins Herz. So *kann* dieser *»erfüllen«*, in und aus der Liebe leben, daß er den Geist sich entfalten läßt, daß Frucht des Geistes da ist. Das *»Gesetz Christi«*, das in der Gemeinde *»erfüllt«* wird, ist somit nichts anderes, als die verwirklichte Frucht des Geistes Gottes.

Inhaltlich erweist sich die »Erfüllung« darin, daß *»einer des andern Last trägt«*. *»Last«* meint zunächst neutral das »Schwere«, »Gewichtige«, doch im Zusammenhang mit V. 1 wird eben auch die Last des Versagens, der Sünde, benannt sein. Der Bedeutungsumfang des griechischen Wortes ist aber umfassender und schließt auch die »Gewichte« ein, die Sorgen, Leiden und Not dem Menschen auferlegen. In der Gemeinde Jesu trägt hier einer die Last des andern mit (vgl. 1. Kor 12, 26). *»Tragen«* steht deshalb hier im wörtlichen Sinn von »mit den eigenen Händen tragen«, also nicht nur von ferne Mitleid-haben. Das kann aber keine gesetzliche Forderung sein im Sinne des Gesetzes, das in die Gefangenschaft führt, das ist das neue Gesetz der mitleidenden Liebe, die durch den Geist Gottes geschenkt wird.

6, 3–5: »Denn wenn sich jemand läßt dünken, er sei etwas, obwohl er doch nichts ist, der betrügt sich selbst. Ein jeglicher aber prüfe sein eigen Werk; und alsdann wird er an sich selbst den Ruhm haben und nicht an einem andern. Denn ein jeglicher wird seine Last tragen.«

Christen tragen einander, auch in dem Sinn, daß sie sich ertragen, gerade auch dort, wo sie einander Mühe machen. In der christlichen Gemeinde entscheiden nicht Sympathie oder Antipathie über das Miteinander, sondern in ihr gilt das Gesetz Christi, das uns zueinander weist und aneinander bindet. Dann ist auch das abwägende Vergleichen unmöglich, wo ich mein Selbstbewußtsein daraus herleite, daß ich besser bin als der andere (vgl. Luk 18, 9–14). Das ist gefährlicher *»Selbstbetrug«*, wenn *»einer glaubt, er sei etwas«*. Dort zersetzt das zerstörende Gift des Hochmutes die Gemeinschaft. Dann ist kein Mitleiden mehr möglich, sondern die Isolierung der Selbstbehauptung umklammert wieder den Jünger. Die »Werke des Fleisches«, nämlich besonders die »Eifersucht« und die »Spaltungen«, zerbrechen dann die Gemeinschaft.

Will der Jünger schon vergleichen, dann messe er sich in Selbstkritik am »Gesetz Christi«, dann soll er *»sein eigen Werk prüfen«*. *»Werk«* meint hier das ganze Wirken eines Menschen, was von ihm für Wirkungen ausgehen und wie er selbst ist. Das ist selbstkritisch zu *»prüfen«*. Der Jünger wird dann eine doppelte Erkenntnis machen: Der Blick auf mich selber zeigt mir in der Nachfolge Jesu zunächst erschreckend, »daß ich nichts bin«. Das führt in die Demut. Dann aber kann einem der Geist Gottes auch den Blick schenken, daß das, was an »Frucht des Geistes« bei mir aufgeht, »Grund des Rühmens« ist. Dabei gilt das Wort: *»Was hast du, das du nicht empfangen hast?«* (1. Kor 4, 7). Da gibt es keinen eigenen Verdienst, keine eigene Leistung und deshalb kein Selbstlob mehr. Diese Erkenntnis, daß Gott in mir und durch mich etwas wirken kann, führt zum Lob Gottes. Wo anders, da ist solches Eigenlob der Rückfall in das »Werk des Fleisches«. Noch einmal: Das christliche Selbstbewußtsein speist sich nicht aus dem Vergleichen mit anderen, sondern es beruht auf dem dankbaren Staunen, was Gott mit uns »unnützen Knechten« doch noch wirkt (vgl. Luk 17, 10).

Dabei ist unsere eigene Bewertung immer unsicher und getrübt, deshalb *»ein jeder wird seine Last tragen«*. Damit ist auf die Bewertung Gottes über unser Leben verwiesen. Schließlich steht jeder für sein Tun und Wirken, aber auch für sein Fehlen und seine Sünde vor Gott ein. Und dort stehen wir einmal alle als Bedürftige. Keiner kann auf sein Verdienst verweisen. Wir können dabei in diesem letzten Gericht nur auf die Gnade unseres Herrn Jesus Christus vertrauen. Wer das weiß und auf diesem Grund lebt, der stellt sich nicht außerhalb der Gemeinde, sondern sucht die Glaubens- und Tragegemeinschaft mit den Brüdern.

VORSCHLAG ZUR BIBELARBEIT ÜBER GAL 5, 26–6, 5

1. Einleitung:

a) Wir lesen 1. Kor 4, 6–7. Was sagt Paulus über den Selbstruhm?

b) Wie sieht das Tragen der Lasten konkret aus?

c) Wir bedenken Luk 18, 9–14. Wo stehen wir in der Versuchung des Vergleichens?

d) Mögliche Überschrift: »Christliche Solidarität«.

2. Durchführung:

Einleitung: Ein heute viel gebrauchtes Wort ist Solidarität. Was heißt das? Eine unlösbare Verbundenheit. Doch menschliche Solidarität ist nur gebrochen da. Aber es gibt eine Solidarität der Sünder. Darin sind alle Menschen gleich.

a) Wir sind alle Sünder
Das ist die eigentliche Solidarität aller Menschen. Alle sind wir Sünder. Auch die Christen bleiben in dieser Solidarität. Christen und Nichtchristen: Nicht, die einen sind sündlos und die anderen Sünder, sondern Christen wissen um ihre Sünde und su-

chen Vergebung – Nichtchristen leugnen diese Solidarität ab.
In der Gemeinde gibt es die Versuchung der »eitlen Ehre«, im Betrug einer sei besser als der andere. Nein, alle sind versuchlich, tun Fehltritte. Doch Christen reagieren unter der Leitung des Geistes nicht mit Verurteilung. Sie helfen einander wieder zurecht. Das strahlt auch hinaus und soll Haltung zur Welt werden. Sünde ist Last, die uns zu Boden drückt, ja vernichtet. Wir sollen diese Last miteinander tragen. Im suchenden Gespräch! Der Galaterbrief ist ein beredtes Beispiel für das »Tragen« des Apostels selbst.

b) Doch einer ist für uns alle zur Sünde gemacht worden
Wir können tragen, denn einer trägt uns. Er ist für uns zur Sünde gemacht. Jesus ist der Lastenträger. Alle Frucht des Heiligen Geistes (5, 22), an ihm können wir ablesen, was gemeint ist. Er lebt Liebe. Die Lasten der Sünde macht das Gesetz bewußt, ja bringt sie sogar erst hervor. Das Gesetz belastet mit seinen Geboten und Forderungen, läßt uns zusammenbrechen. Jesus befreit vom Gesetz und gibt uns sein Gesetz: »Mein Joch ist sanft und meine Last ist leicht.« Das Gesetz Christi ist die gelebte Liebe. Gesetz, das nicht mehr fordert, sondern in dessen Erfüllung wir freudig, gerne und freiwillig leben. Das Gesetz Christi ist der ursprüngliche – auch im Mose-Gesetz eingekleidete – heilende Liebeswille Gottes. Das Gesetz Christi: Gott trägt uns, darum können wir einander tragen und ertragen.

c) Darum gibt es für uns Gemeinschaft der Begnadigten
Die Gemeinschaft der Begnadigten, das ist die neue Solidarität der Kinder Gottes. Die Solidarität derer, denen die Schuld vergeben ist. Nicht, die sündlos sind, sondern die Getragene sind. Solche Gemein-

schaft lebt in gegenseitigem Helfen. Dabei haben Jünger Jesu den klaren Blick der Selbstkritik: Ich bin ein Sünder und lebe in dem Wunder, daß Gott mich gebrauchen will und kann. Begnadigte sind demütige Menschen und leben vom Empfangen. Wir beziehen unser Selbstbewußtsein in der Nachfolge nicht aus dem Vergleichen, sondern leben von der Begnadigung durch Jesus Christus bis zum letzten Gericht. Dort wird jeder seine Last tragen, aber unser Herr wird sich zu uns stellen.

Schluß: Von der Solidarität der Sünder zu der Solidarität der begnadigten Sünder, das ist der Weg des Jüngers.

4. DIE GEGENSEITIGE UNTERSTÜTZUNG, 6, 6–10

6, 6: »Der aber unterrichtet wird im Wort, der teile mit allerlei Gutes dem, der ihn unterrichtet.«

Die Jünger Jesu Christi stehen bei der Nachfolge in der Versuchung, in ihrer alten Art ihre geschenkte Bruderschaft wieder zu zerstören. Es bedarf der Mahnung: »Wandelt im Geist.« Das erste Einfallstor des Versuchers ist das, daß die »alte«, natürliche Art des Selbstruhms die Gemeinde auseinanderbringt. Das hat Paulus im vorigen Abschnitt deutlich gemacht. Der »Egoismus der eigenen Ehrsucht« zerstört jede Gemeinschaft, desgleichen aber auch der »Egoismus des eigenen Besitzes«, der »Geiz«, und darüber redet der Apostel jetzt. Er tut das am konkreten Beispiel des Verhältnisses von Lehrer und Schüler, hier geistlich verstanden. *»Der unterrichtet«*, das ist der Bote Christi, der das Evangelium, *»das Wort«*, verkündigt. *»Der aber unterrichtet wird«*, das ist dann der Hörer des Evangeliums, genauer der, der sich dieser Botschaft geöffnet hat und Nachfolger Jesu geworden ist. *»Unterrichten«* ist die Verkündigung des Evangeliums in vertiefender, weiterführender mündlicher Belehrung. Das Evangelium hat sehr wohl etwas mit Lehren und Lernen zu tun, bis hin zum

Auswendiglernen. Gerade solche, die aus dem Heidentum kamen, bedurften der umfassenden Unterweisung in allen Lebensbereichen. Die Geistesleitung ist dadurch nicht ersetzt, aber konkretisiert und verwirklicht. Die frühe Gemeinde kennt noch nicht den hauptamtlichen, festbezahlten Pfarrer, Lehrer oder Diakon wie wir heute, wohl aber gab es viele, wie auch Paulus selbst, die ihre ganze Kraft und Zeit dem Dienst am Evangelium widmeten. Für deren Lebensunterhalt konnten, sollten und durften die Gemeinden sorgen (vgl. 1. Kor 9, 1–15).

Die christliche Bruderschaft bewährt sich gerade auch hier im Teilen. Dem andern, dem Verkündiger, *»Anteil zu geben an allem Guten«*, daran ist die christliche Liebe kenntlich. Zunächst ist *»alles Gute«* sicher die Versorgung mit allem Lebensnotwendigen, sind alle Güter gemeint. Doch geht das noch darüber hinaus, so wie Martin Luther zum täglichen Brot auch Friede, Ehre, gute Freunde und getreue Nachbarn zählt. Christen teilen miteinander und dann auch im Weitergeben (vgl. Apg 2, 44ff.). Der Egoismus des Geizes ist eine gefährliche Versuchung in der Gemeinde.

6, 7–8: »Irret euch nicht! Gott läßt sich nicht spotten. Denn was der Mensch sät, das wird er ernten. Wer auf sein Fleisch sät, der wird von dem Fleisch das Verderben ernten; wer aber auf den Geist sät, der wird von dem Geist das ewige Leben ernten.«

Die Gefahr dieser Versuchung des Geizes unterstreicht Paulus sehr dringlich. Er warnt vor jedem Selbstbetrug, wie wenn der Umgang mit materiellen Gütern nur eigene Sache wäre. *»Irret euch nicht«*, auch in diesem Punkt unseres christlichen Lebens ist Gott der Bestimmende. *»Gott läßt sich nicht spotten«*, wörtlich meint das: Hier kannst du nicht »die Nase rümpfen«, eine hochmütig abweisende Geste, mit der Gottes Bestimmungsrecht beiseite geschoben wird. Wo Gottes Geist einen Menschen ergreift, da will er ihn ganz umgestalten und erfassen. Da gibt es keine ausgesparten Gebiete. Auch die Güter dieser Welt werden in die geistgetriebene Haltung mithineingenommen. Es gilt in dem einfachen Bild: »*Was der Mensch sät, das wird er ernten.*« Der Geiz ist Saat auf das Eigene, dann wird auch die Ernte so sein. Es wird mir nichts erwachsen aus solchem Geiz, im Gegenteil, ich werde hineinverstrickt in meine eigenen Ängste und Befürchtungen, in meinen Egoismus und in meine Lieblosigkeit. Daraus kann nur Angst, Furcht, Selbsttäuschung und Kälte entstehen. Das ist die Ernte des Geizes.

Es ist »Saat auf das eigene Fleisch«. Das Bild von Saat und Ernte wird auf das Entweder-Oder von Fleisch und Geist angewandt. »*Wer auf sein Fleisch sät*« und das geschieht überall dort, wo der Mensch auf das Seine bedacht ist und sich der Antriebskraft der geistgewirkten Frucht »Liebe« verschließt, der »*wird auch von dem Fleisch das Verderben ernten*«. »*Verderben*« steht hier in dem Sinn der »Vergänglichkeit«, des »Unterganges«, im ewigen Tod. Mit »*ernten*« ist also das letzte Urteil Gottes gemeint und das lautet für den Menschen, in seiner fleischlichen Art, auf Tod (vgl. Röm 6, 20–23). Wer aber »*auf den Geist sät*«, wer sich dem Antrieb der Liebe öffnet und hingibt, »*der wird aus dem Geiste das ewige Leben ernten*«.

Das ist unsere »Würde« als Menschen. Gott läßt uns säen. Wir sind nicht wie Marionetten an Drähten gezogen. Es besteht aber ein Zusammenhang zwischen Saat und Ernte. Die Folgen, die Früchte unseres Tuns werden wir auch ernten. Dieses bitter ernste Verhältnis gilt es gerade bei un serem sündigen Tun zu sehen. Oft liegt es auch offen zutage. Das »Saufen« und »Fressen« (vgl. 5, 21) zerrüttet die Gesundheit. Es gibt zerstörende Linien, Folgen der Sünde durch ganze Generationen (vgl. 2. Mose 20, 5). Die Vergebung unserer Sünde nimmt uns nicht automatisch auch aus den Folgen heraus. Wenn das geschieht, ist es eine besondere Gnade Gottes.

Der Apostel redet hier im Zusammenhang mit dem Geist und formuliert dabei dieses Grundgesetz von Saat und Ernte, von Tun und Ergehen. Gerade für den Geiz, der augenfälligsten Wirkung des sündigen Egoismus, gilt deshalb: *»Der Geiz ist eine Wurzel alles Übels«* (1. Tim 6, 10) und ist *»Abgötterei«* (Kol 3, 5).

6, 9–10: »Lasset uns aber Gutes tun und nicht müde werden; denn zu seiner Zeit werden wir auch ernten, wenn wir nicht ablassen. Darum, solange wir noch Zeit haben, lasset uns Gutes tun an jedermann, allermeist aber an des Glaubens Genossen.«

Der Zusammenhang von Tun und Ergehen liegt oft nicht vor Augen. Gerade das *»Tun des Guten«* wird nicht so offensichtlich gewürdigt und belohnt, wie viele es wünschen. Das Alte Testament weiß um die zermürbende Frage: »Warum geht es dem Gottlosen so gut?« (vgl. besonders Ps 73). Gerade für das Tun des Guten aber gilt, *»zu seiner Zeit werden wir auch ernten«*, nämlich wenn Gottes Zeit da ist, die Wiederkunft Jesu Christi, dann wird die Ernte eingesammelt (vgl. Matth 13, 30). Darum gilt *»lasset uns Gutes tun und nicht müde werden«*. »Nicht nachlassen« bei diesen Werken der Nächstenliebe, auch wenn es Saat auf Hoffnung bleibt! Gott wird uns Lohn geben und die Ernte zeigen an seinem Tag, *»wenn wir nicht ablassen«*, wenn wir uns nicht »erschöpfen lassen«. Solch unerschöpfliche Geduld kann der Geist Gottes wirken in uns, das ist Frucht, denn »die Liebe ist langmütig ... sie hoffet alles ... die Liebe höret nimmer auf« (1. Kor 13, 4. 7.8).

Jetzt ist Zeit der Liebestaten. *»Solange wir noch Zeit haben«* – heißt: Es wird ein »zu spät« geben. Jetzt ist die Zeit, die nicht vertan werden soll. Sonst stehen wir einmal vor dem Herrn und fragen verständnislos: »Wann?« (vgl. Matth 25, 44). Jetzt ist Zeit, *»Gutes zu wirken an allen«*. Wir sind damit an alle Menschen gewiesen. Die Liebe kennt keine Eingrenzung und Beschränkung. Und doch gilt: *»am meisten aber an des Glaubens Genossen«*. Damit ist Vers 6 wieder aufgenommen. Alle Nächstenliebe ist unglaubwürdig und vergeblich, wenn sie nicht an den »im Glauben Verwandten« geübt wird. Dort, in der geistlichen Familie derer, die mit uns im Glauben stehen, ist das erste und wichtigste Einübungsfeld der Liebe.

VORSCHLAG ZUR BIBELARBEIT ÜBER GAL 6, 6–10

1. **Einleitung:**
   a) Wir lesen Röm 6, 20–23. Welche Frucht wirken wir?

   b) Was sagt die Bibel über die Folgen der Sünde?

   c) Wir bedenken das biblische Bild von Saat und Ernte. (Konkordanz)

   d) Mögliche Überschrift: »Jetzt ist Saatzeit«.

2. **Durchführung:**
   Einleitung: Wir bleiben bei dem Bild von Saat und Ernte. Was ein Mensch sät, das wird er ernten. Das gilt auch für das Leben.

   a) Säen geschieht im Weggeben
   So handelt der Bauer. Der Same wird weggestreut. Paulus gebraucht das Bild fast widersinnig. »Säen auf das Fleisch«, konkret am Beispiel des Geizes. Das ist gerade nicht Weggeben, sondern Festhalten und sich festkrallen. Keine echte Saat. Die Kette des Unterganges im Leben des Sünders wird nicht aufgebrochen; er geht an den selbstverschuldeten Folgen, der Ernte seiner Sünden zugrunde. Geiz ist die Wurzel des Übels, er ist Götzendienst, denn ich diene mir selbst. Ich säe = setze auf mich. Das ist Spott gegen Gott. Ganz anders echtes Säen: Es ist ermöglicht durch das Aufbrechen meines Egoismus in der Frucht des Geistes: Liebe. Wir können weggeben. Können wir das wirklich? Das ist die Prüffrage

an uns als äußerlich reiche Leute. Teilen lernen, das wird unsere Bewährung sein. Allerdings: »Allermeist an des Glaubens Genossen.« Ganz direkte Frage: Wohin geht unser Zehnter? Welche Zahlkarten füllen wir aus? Säen ist auch ein planvoller Akt.

b) Säen geschieht mit Blick auf die Ernte
Wir kennen die Entmutigung, weil unser »Gutes« scheinbar nicht aufgeht. Die Anfechtung, »wie geht es dem Gottlosen so gut«! Zwischen Saat und Ernte liegt Zeit. Gottes Zeit, in der er Samen aufgehen lassen will. Der Landwirt braucht Geduld. Der Blick auf die Ernte: Kennen wir das Erschrecken über den Satz: »Der Tod ist der Sünde Sold«? Das ist unser »verdienter«, gerechter Lohn für jeden Menschen. Doch Gott sendet uns mit seinem Samen und läßt uns teilhaben an seiner Ernte. Wir ernten, was nicht wir verdient haben. Unser Lohn ist Gnadenlohn. »Im Geist säen« – seinen Wirkungen nachgeben. Dann haben wir auch den langen Atem. Denn wir warten auf Gottes Ernte. Unser Lohn ist schon jetzt zugesprochen: Gerecht aus Glauben.

c) Säen geschieht in den Taten der Liebe
Säen heißt Anteil geben an allem. Das will praktiziert sein. »Gutes tun«, das also heißt wandeln im Geist. Es sind die Werke der Liebe. Wir setzen Zeichen der Liebe, der Teilgabe, des Teilens. Wie sehen die aus? (Konkrete Beispiele nennen). Ein Beispiel des Paulus: Lehrer-Schülerverhältnis. Wer empfängt, der gibt wieder. Wir sind aufgefordert die, die uns das Evangelium sagen, mit allem was wir auch an äußeren Gütern haben, mitzutragen, ihnen Anteil zu geben. Jetzt, bei der volkskirchlichen Besoldung, ist das nicht mehr so sichtbar. Werden wir das wieder lernen? Paulus führt die Galater immer wieder auf die realen Schritte der Liebe und des Glaubens.

Schluß: Jetzt ist Zeit zum Gutestun, damit wir nicht einmal verstört »Wann?« fragen müssen.

E. DER BRIEFSCHLUSS, 6, 11–18

6, 11: »Sehet, mit wie großen Buchstaben ich euch schreibe mit eigener Hand!«

Der Schluß des Briefes bringt noch einmal in scharfen Strichen eine Zusammenfassung des Hauptanliegens, das Paulus zu diesem Brief bewogen hat. Mit einer sehr persönlichen Bemerkung gibt er abschließend seiner inneren Beteiligung Ausdruck. *»Er schrieb mit eigener Hand«*, im Griechischen steht die Vergangenheitsform. Wir können nicht mehr genau entscheiden, ob sich das auf den ganzen Brief bezieht oder nur auf den Briefschluß. Wir haben im NT Briefe, die Paulus einem anderen diktierte und dann nur das Grußwort eigenhändig schrieb (Römerbrief, Kolosser, 1. Korinther, 2. Thessalonicher). Andere Briefe enthalten keine derartige Angabe und dürften von Paulus deshalb eigenhändig geschrieben sein.

Wahrscheinlich hat Paulus auch den Galaterbrief selbst geschrieben und diese Schlußbemerkung gilt für den Brief insgesamt, wobei der ausdrückliche Hinweis auf die *»großen Buchstaben«* die Bedeutung seiner Schlußworte betonen soll. Die Galater sollen noch einmal erkennen, in besonders deutlicher Großschrift, wie wichtig dem Apostel dieses Schreiben ist, wie groß die Gefahr ist, in die sie sich begeben haben und welchen Ernst das Entweder-Oder bei ihnen bedeutet.

6, 12–13: »Die ein Ansehen haben wollen nach dem Fleisch, die zwingen euch zur Beschneidung, nur damit sie nicht um des Kreuzes Christi willen verfolgt werden. Denn auch sie selbst, die sich beschneiden lassen, halten das Gesetz nicht, sondern sie wollen, daß ihr euch beschneiden lasset, damit sie sich eures Fleisches rühmen können.«

Hinter dem beeindruckenden Auftreten der Irrlehrer stehen unlautere Motive, die Paulus hier noch einmal klar aufzeigt: *»Sie wollen Ansehen haben nach dem Fleisch«*, das ist ihr erstes Motiv, ihre Ehrsucht. Sie wollen gut dastehen »im Fleisch«, d. h. in natürlicher Art, nach menschlichem Ansehen streben sie. Sie stehen unter dem Geltungsdrang, der »eitle Ehre« sucht (5, 26) und erweisen damit ihre »Geistlosigkeit«. *»Sie zwingen euch zur Beschneidung«*, das ist ihnen Mittel zum Zweck eigener Ehre. Sie wollen vor Juden und auch in der Gemeinde als besonders fromme und eifrige Menschen gelten. In der Gemeinde soll die Beschneidung, zu der sie die Christen »nötigen«, ihr Ansehen erhöhen unter der Überschrift: »Wir haben euch erst die volle Sicherheit des Heiles gezeigt«, und bei den Juden wollten sie anerkannt werden, weil sie ja den Ausgleich so geschaffen hätten und das Ärgernis der Mißachtung des Gesetzes beseitigt hätten. Damit ist aber auch ihr zweites Motiv benannt, *»sie wollen nicht um des Kreuzes Christi willen verfolgt werden«* (vgl. zu 5, 11).

Darin liegt ja die Ablehnung der Juden begründet, daß das Evangelium das Kreuz Jesu Christi als das Ende des eigenen, gesetzesfrommen Weges bekennt und allein auf das Opfer Jesu als Ursache unserer Gerechtigkeit vor Gott verweist. Einen Messias Jesus, der die Heilsbedeutung des Gesetzes betont, den könnten auch die Juden gelten lassen, sogar dann den »Justizirrtum« des Kreuzes zugestehen. Aber der Messias, der die Gesetzesfrömmigkeit entlarvt, der hängt für sie zu Recht als Gotteslästerer am Galgen und seine Nachfolger verdienen die gleiche Strafe wie er.

Die Verführer der Gemeinde entlarven sich selbst. *»Sie lassen sich selbst beschneiden«*, aber *»sie halten das Gesetz selbst nicht«*. Es geht ihnen also letztlich gar nicht um die Geltung des ganzen Gesetzes, denn die Beschneidung ist ja nur Zeichenhandlung für die völlige Unterwerfung unter das Gesetz. »Ruhmsucht« treibt sie. Die Galater sollen sich auch beschneiden lassen, *»damit sie sich eures Fleisches rühmen können«*. Darauf wollen sie verweisen: Wir haben so viele Menschen auf den rechten Weg geführt. Die Galater sind für sie lediglich Mittel, um ihren Ruhm zu mehren.

6, 14–15: »Von mir aber sei es ferne, mich zu rühmen, als allein des Kreuzes unsers Herrn Jesus Christus, durch welchen mir die Welt gekreuzigt ist und ich der Welt. Denn in Christus Jesus gilt weder Beschneidung noch Unbeschnittensein etwas, sondern eine neue Kreatur.«

Fast erschrickt der Apostel, daß auch er dieser Versuchung des Selbstruhmes je erliegen könnte. *»Von mir aber sei es ferne«*, wörtlicher, »mir aber möge nur das nicht geschehen«, daß »er sich rühmt«, sonst ist der Geist Gottes verloren«. Paulus kennt nur noch einen Grund und Anlaß zum Ruhm, nämlich *»allein das Kreuz unseres Herrn Jesus Christus«*. Was dem Juden höchste Abscheu ist, das ist dem Jünger Jesu Grund des Jubels, der Freude und des dankbaren Lobes. Dort am Kreuz hat der Christus unsere Sünde getragen und uns so erlöst. Das ist die neue Wirklichkeit der Liebe Gottes, die die Welt verändert. Darum ist nun die Welt verändert. Durch das Kreuz ist *»mir die Welt gekreuzigt«;* sie ist gerichtet und in ihrer natürlichen Art dem Tode übergeben. Am Kreuz Jesu Christi ist Gottes Nein zur Welt und damit zum Menschen in seinen Anstrengungen zur Selbstrechtfertigung und zum Erwerben von Verdiensten gesprochen. »Die Welt vergeht mit ihrer Lust« (1. Joh 2, 17). Das erweist das Kreuz. Aber auch *»ich bin der Welt gekreuzigt«* bekennt Paulus. Sie bedeutet mir nichts mehr. Meine natürliche Art ist aufgegeben. Fundament seiner neuen Existenz ist allein die Gnade, die am Kreuz geoffenbart ist. *»Weder Beschneidung noch Unbeschnittensein ist etwas in Jesus Christus«* (vgl. 5, 6 u. 1. Kor 7, 19). Nicht die jüdische Gesetzesfrömmigkeit und auch nicht alle heidnische, tugendhafte Anstrengung zählen in der Nachfolge Jesu, sondern *»eine neue Kreatur«* (vgl. 2. Kor 5, 17). In Christus Jesus hat die messianische Neuschöpfung der alttestamentlichen Prophetie begonnen (vgl. Jes 43, 19; 65, 17; 66, 22; Jer 31, 22) und der Jünger hat Anteil an dieser Neuschöpfung. *»Das Alte ist vergangen«*, gekreuzigt, in den Tod gegeben, *»siehe es ist alles neu geworden«* (2. Kor 5, 17).

6, 16: »Und wie viele nach dieser Regel einhergehen, – Friede und Barmherzigkeit sei über sie und über das Israel Gottes.«

Vor Gott gilt nur die neue Schöpfung, die geschenkte Gerechtigkeit, der gewirkte Glaube, die vom Geist gegebene Liebe. *»Wie viele sich nach dieser Richtschnur ausrichten«*, so besser wörtlich, über die sei *»der Friede«*, der Schalom Gottes, der ganze uns jetzt in diesem Leben reichmachende Segen Gottes und dann auch *»das Erbarmen«* Gottes, nämlich im Gericht. Dazu ruft der Apostel mit seinem ganzen Brief die galatischen Gemeinden zurück, in diese neue Existenz; in die Fülle des Segens Gottes und die Verheißung der Gnade im Endgericht. Das gilt ihnen, wenn sie umkehren und sich nicht verführen lassen, aber auch *»dem Israel Gottes«*. Damit ist die ganze Gemeinde Jesu Christi auf dieser Welt gemeint, die das erwählte Volk Gottes ist, im Gegensatz zu *»Israel nach dem Fleisch«*.

6, 17: »Hinfort mache mir niemand weiter Mühe; denn ich trage die Malzeichen Jesu an meinem Leibe.«

Noch eine mahnende Bitte schließt der Apostel an, die auch einen Blick in seine eigene apostolische Existenz freigibt. *»In Zukunft verursache mir niemand Mühsal«*, denn das ist es für den Apostel. Es sind »harte Schläge«, solche Verwirrung und solcher Abfall in den Gemeinden. Paulus lebt nicht auf Abstand. Er leidet mit, wie ein Vater an seinen Kindern leidet und ihre Bosheit wie Schläge auf sich empfindet. Die Begründung meint ein Doppeltes: Einmal zeigt sie erneut das Selbstbewußtsein des Apostels. Wo die Galater meinen, ihn, den Paulus zu verstoßen oder ihn verächtlich zu machen und zu verwerfen, da haben sie es gar nicht mit ihm zu tun, sondern mit dem Herrn Jesus Christus selbst. Er hat Paulus zum Apostel gesetzt und ihn bestätigt. *»Malzeichen«* kann übertragen das Brandzeichen sein, das dem Sklaven von seinem Besitzer eingebrannt ist. So hat Christus seinen Apostel gezeichnet durch die Leidensgemeinschaft. Und das ist das Zweite: Paulus *»trägt an* *seinem Leibe die Malzeichen Jesu«*, er ist gewürdigt der Leiden und hat sie in Erfüllung seines Auftrages bekommen, diese Narben, Striemen und Wunden (vgl. 2. Kor 4, 7 ff.; 6, 4–6; 11, 23 ff.; Phil 3, 10).

6, 18: »Die Gnade unseres Herrn Jesus Christus sei mit eurem Geist, liebe Brüder! Amen.«

Sehr bewußt schließt Paulus mit dem Brudernamen. Er hält die Gemeinschaft mit seinen gefährdeten Gemeinden fest und verweist sie auf das und auf den, was eigentliches Thema des Briefes war: Der Rückruf zur *»Gnade unseres Herrn Jesus Christus«*. Die brauchen die Galater, sie muß ihren *»Geist«* erhellen, sollen sie in der Verführung bestehen. Das *»Amen«* ist mehr als ein Schlußpunkt. Es verweist auf die vertrauende Gewißheit des Apostels. Fast nimmt er damit die Antwort der Gemeinden in Galatien vorweg, denn *»Amen«* ist sonst die Antwort der Gemeinde auf den apostolischen Segen. »Ja, ja, es soll also geschehen«, sagt Luther.

DIE NEUE THOMPSON-
STUDIENBIBEL

- ist die **umfangreichste Studienbibel,** die es gibt.
- hat den **revidierten Luthertext 1984,** der über das Jahr 2000 hinaus Gültigkeit haben wird.
- hat **über 1000** (in Worten: eintausend) **Seiten Erklärungen** zum laufenden Bibeltext.
- vermittelt einc **einzigartige Gesamtschau** biblischer Aussagen vom Ersten Buch Mose bis zur Offenbarung des Johannes.
- erschließt Ihnen durch ein **einmaliges Studiensystem** den Zusammenhang von **100 000** (in Worten: einhunderttausend) **Bibelstellen.**
- ist eine **einmalige Anschaffung** für alle Bibelleser.

Was ist das neue Konzept dieser Studienbibel:

Das Fundament dieser Studienbibel ist eine **thematische Zusammenfassung von Bibelstellen.** Schlüsselaussagen der verschiedenen biblischen Bücher zum jeweils behandelten Stichwort werden zusammengetragen.

Jedes **Thema** ist mit einer **Kennziffer** gekoppelt, die am Rand des laufenden Bibeltextes zusammen mit dem thematischen Stichwort erscheint. Im Anhang sind diese Studienhilfen numerisch aufsteigend geordnet – damit Sie einen schnellen Zugriff darauf haben.

Eine Vielzahl **visueller Hilfen** erleichtert die Arbeit mit der Studienbibel. Grafiken, Skizzen, gezeichnete Karten mit Querverweisen zum biblischen Text sind in einmaliger Fülle vorhanden.

Umfangreicher Bibelstudien-Anhang

Über 1000 Seiten Erklärungen finden Sie als Bibelstudienanhang nach dem vollständigen Text des Alten und Neuen Testaments. Was bietet Ihnen dieser Anhang?

- Ein **alphabetisches Register** erfaßt alle Stichworte und deren Kennziffern, die im Anhang vorkommen.
- **Spezielle Gliederung der Themen.** Hier sind Haupt- und Unterthemen von ihrem sachlichen Zusammenhang her zusammengefaßt.
- Ein sehr großer Teil der 100 000 **Bibelstellen** ist **in vollem Wortlaut ausgedruckt.** Kein umständliches Suchen mehr nach der Textstelle im fortlaufenden Bibeltext!
- In **Überblick-Studien** werden allgemeine Themen behandelt, zu denen Aussagen der ganzen Heiligen Schrift erforderlich sind.
- In den **Biografischen Studien** können Sie auf einen Blick alle wesentlichen Stationen im Leben biblischer Persönlichkeiten verfolgen.
- **Skizzen, gezeichnete Karten, Grafiken** bieten unschätzbare **visuelle Hilfestellung.**
- Ein **NEUER, umfangreicher, farbiger Bildteil** bietet bisher unveröffentlichte Aufnahmen der biblischen Länder.
- **Konkordanz** zur Luther-Bibel 1984.
- **Außergewöhnlich umfangreicher, farbiger Kartenteil** (20 Karten!).

Wie kann die Fülle der Studienhilfen praktisch genutzt werden?

Diese neue Studienbibel ersetzt eine ganze herkömmliche Bibliothek! Der einzelne, Bibelkreise in Gemeinde und Haus bekommen damit ein Instrument in die Hand, das wesentlich zur Belebung und Aktualisierung des Bibelgesprächs beiträgt.

1. Studium der Einzelheiten

Sollen spezielle Einzelaussagen der Bibel betrachtet werden? – Die neue Studienbibel bietet in ihrem Anhang dazu die folgenden Schwerpunkte an:

- Die Bibel als Ganzes
- Die 66 Bücher der Bibel mit Übersichten über jedes Buch
- Kapitelweise Betrachtung
- Versweise Textanalyse
- Themen-Studium (4217 Stichworte). Die Untergliederung in Haupt- und Nebenthemen ermöglicht es.

2. Studium der Zusammenhänge

Sollen die Zusammenhänge eines Themas vom Ersten Buch Mose bis hin zur Offenbarung des Johannes verfolgt werden? – Auch hierfür ist die neue Studienbibel geeignet. Sie bietet

- Themenbereiche, die jeweils mit einer Kennziffer Aussagen zusammenfassen.
- Gesamt-Themen, die durch Unterthemen aufgefächert und ergänzt werden.
- Durch Skizzen, Grafiken und Karten illustrierte Studienthemen.
- Themenregister helfen bei der Auswahl des Studienthemas.